青春美文精品集萃丛书·陪伴系列

陪伴是
冬日午后的暖阳

《语文报》编写组 选编

时代文艺出版社

图书在版编目（CIP）数据

陪伴是冬日午后的暖阳 /《语文报》编写组选编.
-- 长春 : 时代文艺出版社, 2021.6
（青春美文精品集萃丛书.陪伴系列）
ISBN 978-7-5387-6746-9

Ⅰ.①陪… Ⅱ.①语… Ⅲ.①作文－中小学－选集
Ⅳ.①H194.5

中国版本图书馆CIP数据核字(2021)第089842号

陪伴是冬日午后的暖阳
PEIBAN SHI DONGRI WUHOU DE NUANYANG

《语文报》编写组 选编

出 品 人：陈　琛
责任编辑：陆　凤
助理编辑：史　航
装帧设计：孙　利
排版制作：隋淑凤

出版发行：时代文艺出版社
地　　址：长春市福祉大路5788号　龙腾国际大厦A座15层 （130118）
电　　话：0431-81629751（总编办）　0431-81629755（发行部）
网　　址：weibo.com/tlapress（官方微博）　sdwycbsgf.tmall.com（天猫旗舰店）
开　　本：880mm×1230mm　1/32
字　　数：135千字
印　　张：7
印　　刷：三河市嵩川印刷有限公司
版　　次：2021年6月第1版
印　　次：2021年6月第1次印刷
定　　价：36.00元

图书如有印装错误　请寄回印厂调换

编　委　会

Contents
目 录

春 暖 花 开

一杯热茶，一段时光

午后的暖阳

你温暖了我的视线

静守时光，以待流年

春暖花开

初夏的回忆

杨建晔

又到了初夏，我与远在盐城老家的小学同学已有整整两年没有见面了。

两年前初夏的一天下午，我和一帮要好的同学正在操场边的沙坑旁挖沙子玩儿。班长突然心急火燎地跑来，说李老师找我，让我赶紧去他办公室。我将信将疑，扔下手里的沙子，悻悻地往老师办公室走去。

"祝你好运！"我听到背后张皓正朝我大喊。我回头看他，他正不怀好意地朝我挤眉弄眼。

其他人一起冲我喊道："快去快回，我们等你！"

我心怀忐忑地来到班主任的办公室。他告诉我，妈妈正在校门口等我，让我赶紧收拾书包回家。我心里正纳闷出了什么事，但也没敢多问。匆匆赶到校门口，只见妈妈正笑盈盈地朝我望。到了近前，她接过我的书包，笑呵呵地对我说："我们回家去，你爸爸让我们马上去南京。"

"去南京干吗？"我十分惊奇。

"到那儿就知道了。"妈妈仍然笑着说。

看着妈妈开心的样子，我也就不再担忧什么，去南京，找爸爸，多好的事呀！

在路上，我又捉到了一只菜粉蝶，我把它放到了我和张皓共同建立的蝴蝶密室里（只是一个废弃的配电箱）。那里面的蝴蝶个数我还记得清清楚楚，是二十二只，而那个菜粉蝶，是我为这个密室抓的最后一个"囚犯"。

在去南京的路上，妈妈才告诉我，爸爸在南京为我找了一所新学校，非常漂亮，还是所名校呢，要我转学到那儿去上。我听了有些惊讶，那我以后就要离开老家了？——张皓说不定还在沙坑那儿等我呢！但一想到能上一所很漂亮的名校，还能每天见着爸爸，也就觉得很高兴。

到了南京，第一站就是金中河西小学部招生部门，招生处的老师问了我几个问题，我都如实回答了。然后，我就和爸妈一起回家等通知。三天里，爸爸带着我玩了南京的很多地方，买了许多新鲜的玩意儿，我想尽快带回去让张皓他们见识见识。时间过得很快，三天过后，爸爸接到电话，说我被录取了，一家人都很高兴。而我心里却有种难过的感觉。

又过了一天，妈妈又把我送回了盐城，说让我考完期末考试再去南京，暑假还要我在南京好好补习一下英语，尤其是口语。

"你终于回来了，你这几天去哪儿了？"一到教室门口，我便被一大群同学围了起来。

"我，我……生病了。"不知怎的，我竟说了个谎。

"你生什么病啦？"

"我们后来去你家找你的呢！"

"你知道，密室里的蝴蝶全逃走了！"

接下来发生了什么，我已经记得不是很清楚了。紧接着的几天，是期末考试，考完试，转眼就到了6月30日，该放暑假了。

张皓跑到了我的桌前说："暑假别忘了帮我练赛尔号啊，练好了我们一起玩儿！"

"我……暑假……"我把话咽了回去。

蔡青华也来了，拍着我的肩膀说："老兄，暑假去哪里玩儿叫上我啊！"

谢尧也挤过来，说："这个暑假我要过生日，不要缺席哦！"

……

几天后，妈妈真的把我带到了南京，在南京，我们有了一个新家。整个暑假我都在补习班学习英语。赛尔号没有再练，谢尧的生日我也没有去。

两年过去了，我仍然忘不了那年初夏。可是现在，我还能上哪里去找寻当年的初夏呢？

感　谢　有　你

刘祝君

　　在2002年2月22日，我亲爱的哥哥出生了。很显然，这个小伙子就是个混世魔头，从早到晚哭个不停，大人们都说这孩子了不得。可是在N个月之后，一个专门"降服"这个"混世魔头"的"齐天大圣"出现了！那就是我！可是虽说是"大圣"，可比魔头更调皮，也难得，和魔头倒玩一块儿去了。小小"魔头"也向小小"大圣"张开稚嫩的双臂，嘴里念叨着"抱妹妹，抱妹妹"。

有你，谁敢欺我一分一毫

　　转眼间，打打闹闹，我和哥哥都穿过了幼儿园，来到了小学。在一年级，因为我个子小小的，看上去很容易被欺负的样子，自然就有很多无聊的男生搞恶作剧，几乎天天被欺负。又不敢回家向妈妈讲，只能向哥哥哭诉。第二天，哥哥就找到了我们班，把那几个调皮捣蛋的男生拎了出来，打了一顿，并警告他们："要是谁再欺负我妹妹，我就让你们好看。"从那以后，再也没有人敢欺负我了。

有你，悲伤怎能侵入我心

时间如流水，转眼间，我们已度过了十载光阴。这一年，我见到了人间的黑暗。三年级的我，遇到了这么一个人，他是我人生中第一个对手。无论什么，我总要和他比个高低。大到一次期末考试，一次演讲比赛，小到做操列队，值日打扫。有一次，我们俩之中只有一个人能评选上市级"四好少年"。我很努力地和他竞争了一个月，却在最后关头，输给了他。这对我来说是个不小的打击，我闷闷不乐了很久。然而，哥哥看到了以后，什么都没有讲，却带我来到了游乐场。他带着我玩了一圈又一圈，可是我就是不开心。就在这时，哥哥拿着冰淇淋摸了摸我的头，说："丫头，你知道吗？这没有什么大不了，有哥哥在，什么事情都有哥哥给你做后盾。只要记住努力做好下次就可以了。"于是，我又振作精神，准备再一次向他挑战。

有你，风雨再大又何妨

　　"轰！"打雷了，下雨了，雨很大，很响。天空漆黑一片，云越来越黑，越压越低，天地间，仿佛只剩下那么一小段距离。身边的同学，陆陆续续都在家长接送下回家了。我呢？因为是自己骑车，只能等雨小点儿。可是雨完全没有小下去的势头，我只能等待着，我多么希望有人能来接我，哪怕只是给我送一把伞也好。我无奈地笑了笑，想，终究也只是想罢了。刚准备推着车冲进雨里，就看到一个人撑着一把伞，迎面跑来。待近些，才发现，是哥哥。哥哥走上前，把身上的风衣脱下，披在我身上。把手中的伞给我，转身推起了我的自行车。我坐在后座撑着伞，哥哥怕我淋到雨，一路上一直在说："丫头，伞挡住眼睛了。"然而，到家之后，我发现哥哥全身都湿了，却还在问我："丫头，你冷不冷啊？有没有淋到雨啊？"

　　你可知道，我呀，是这个世界上最幸福的妹妹。我有一个很帅、很高的哥哥。他会因为有人欺负我而打架，会因为我的小情绪而想方设法地让我开心，会因为怕我冷把外套给我，会因为担心我冒雨接我下课……你说，我是否是这世上最幸福的妹妹？有你啊，我此生无畏。

给生活涂上果酱

康曦文

生活就像一块面包，或许你会觉得有些淡而无味，或许你会感到它略有苦涩和僵硬。但是只要把它涂上果酱，你便可以好好地享用它的甜美。

因为这种果酱可以千变万化，有时可以是一个微笑，有时可以是一首音乐，也可以是一幅画，一篇文章，一句问候……虽然并不很起眼，然而只要你留心它们，你就可以成为生活的主人。

转入新的学校以后，我开始对周遭的一切感到陌生，陌生的校园，陌生的教室，陌生的同学和老师，都让我感到不安和惶恐。入学考试我的成绩较以前相比一落千丈，连我自己都感到诧异，开始对自己产生了怀疑。我感到生活枯燥无味，就像没有涂果酱的面包一般僵硬。

于是我开始封闭自己，话也不多说，上课也只是沉默着。留起能遮住半张脸的刘海儿，仿佛生活中没有欢笑，没有属于这个年龄的活力。

不久之后的一次小考，让我找回了久违的自信。虽然只是一次很平常的测验，但是当我看到自己的考卷，我似乎在朦胧中看到了从前那个自信满满的我，那个永远倔强着不肯只考第二名的女生。

于是我没有放弃，我在沉默中努力着，想要找回生活中的欢乐与笑容。终于，上天也是眷顾我的，我的成绩有了提高，同时我交到了一些朋友，发现了生活中不经意的乐趣。我上课时不再沉默，刘海儿也剪短了很多，我成功地找到了我生活中的果酱——那是来自于我内心的一份自信，我将它涂抹在生活上，让它覆盖住生活中的枯燥和苦涩，涂抹出独特的甜美。

我找到了生活中的果酱，你呢？你还在寻找吗？如果你依旧在寻找，那么我祝愿你早日发现它，并微笑着让它绽放在生活中。

苦　趣

夏依涵

和爸爸打羽毛球真累！发球的时候，只要把球往空中一抛，打出去就可以了，可接球却犯了难。爸爸打过来的球又低又快，每每都是像子弹一样直飞过来，我还没来得及挥拍，球就已经落地，搞得我只有弯腰捡球的份儿。以往与同学切磋，对方都会把球发得很高，我也很容易接住，但现在却已无计可施。

沮丧和挫败，使我真的很想把拍子一扔，不打了。可是，是我对爸爸说要练习羽毛球的，怎能轻言放弃呢？

于是，爸爸提醒说："球不要打得太高，这样飞得太慢，就练不了反应速度。"我拍了拍酸痛的手臂，重新拾起球，抛起，击中，扣下，球直飞出去。

爸爸回击时，我紧盯将飞回来的球，却发现球向左边飞出去，我立即迈步冲过去，以五十米冲刺的速度接住了那一球。我顿时有了信心。

"对，就这样！接球步伐要快，眼神要准，手臂要用力。"爸爸又强调。

经过几次来回，最后我终于可以稳稳地接住爸爸发过来的球了。

这虽不是什么特别值得骄傲的事，但是却让我觉得快乐，和爸爸打羽毛球虽然很苦，却也让我明白了任何时候都不能轻言放弃。这也算是苦中的收获吧！

网

管国宇

"终于完成了！"

合上最后一本作业，我的心情格外的好，望向窗外，久违的太阳再次露出了面，阳光洒向大地。随即，我的目光再次看向那只蜘蛛，记忆也仿佛回到了两小时之前……

啊！烦死了！被一道题难住的我，一手狠狠地挠着头，嘴里也不停地嘟囔着。突然，脑中闪现出一瞬模糊的解题思路，正当我绞尽脑汁想要将其"挖"出时，一阵刺耳的倒车声响起："倒车，请注意！……"那一瞬的灵光就这样消失得无影无踪。

我猛地一摔笔，顿时暴跳如雷，在发泄了近十秒后，我咬着牙来到了窗前，"砰"的一声猛地打开窗户，想要看看是哪个人打断了我。

在一番搜寻无果后，我不情愿地收回目光，不经意间，一只蜘蛛吸引了我眼球。

它慢慢地爬上窗户凹角处，停留在墙上，先是吐出一根"搜索丝"，任其随风飘荡，接着蜘蛛从上方垂直落下，在它走过的路径中，一根银丝吊住了它。忽然一阵大风吹来，蜘蛛掉了下去，却再次回到刚才的位置，重复了刚才的步骤。"原来是在织网！"渐渐恢复平静的我心中想着。

我望了望天，乌云密布，这是要下雨的前兆。看着蜘蛛这般认真，我拿出一支笔，心中有些不爽地将其捣坏，我想，这次你可要换地方了吧！可与我想的不同，它只是掉落在窗台后停顿了一两秒，便立即又爬了上去，继续一上一下地织着。

"轰——"听得外面一声雷响，豆大的雨滴倾盆而下，打在地上，同时也打在这刚刚有些成形的网上，那张并不牢固的网瞬间便破损了。看着蜘蛛落荒而逃，我心中不屑道：还以为它能怎么样！我的心中顿时有些畅快，原来和我一样的也并不少。我冷笑着回到位子上，继续写着作业。

有一道难题困住了我，想了半天毫无进展，目光随意地瞥了瞥，天空已放晴，在墙角却发现了一张基本成形的蜘蛛网，那只蜘蛛正忙碌地一圈一圈将丝绕着，我的心中微微一震，脸上渐渐地浮出坚定……

一阵凉风吹过，将我带回现实，再次郑重地看了看这张网，心中浮现出这样一句话："世上无难事，只怕有心人。"这张网告诉了我：只要有毅力与坚持，任何事都可以办到！

夜 照 知 了

李惜笑

夜幕降临了，月亮已跃上了天空，洒下一片银辉。乡间静悄悄的，依稀能听见青蛙"呱呱"的叫声，握着手电筒，走到了鱼塘旁的树林间，远远地向树林深处望去，只见一片手电筒的光齐齐地向树干上照去，呵，不禁想起爷爷出门前说的话："人比知了还多。"果然不假。目测了一下，每两个手电筒的间距不超过两米，可谓人挨着人。

沿着羊肠小道踩着前面人留下的脚印，我向人群走去，不时用手电筒向环抱粗的树干探去，土地被人们在白天用铁锹挖得凹凸不平，松软的泥土被堆在树根旁边，偶尔有几个大拇指粗的深洞，那便是知了从泥土中爬出的地方。白天，三五成群的大人小孩儿都拿着铁锹在树根旁找比蚂蚁洞略粗的洞，然后向下挖。

渐渐地深入到树林中央，人们谈话的声音与外面的安静十分不相称，我用手电筒向粗壮的树干照去，褐色的树干上不时看见金龟子，而树枝之间也粘着蜘蛛网，网上粘了许多虫子，正中央是约一元硬币大小的蜘蛛，我手电筒的光时而在树干上停留，时而在树枝间游走，不时听见小孩子们兴奋地大叫："这儿有一个！"也不时听见大人们遗憾的叹息："唉，是壳！"

我的眼前忽然一亮，是的，就是那个缓缓向上攀爬的身影，我忙从口袋中掏出一个塑料袋，小心翼翼地包好了这个土黄色，有着小眼睛、大肚子的小生命。匆匆走出树林，回到家，我把它放在了盛满泥土的小桶中，又插入了一根细长的小树枝，期待它蜕壳化成蝉。

第二天一早，我便去院中看它，它正在树枝的最顶端，趴在那儿，翅膀从蝉壳中蜕出，上面带有黑色斑纹，透明的翅叶内有一圈圈年轮状的图案，用手轻轻抚摸，那墨色便会染到手指上。它的翅膀还很软，或许是在等翅膀硬了以后便飞走吧！它已从昨晚的褐色变成了黑色，头变宽了，肚子在轻轻颤抖着。身下正是昨夜遮盖住它真容的蝉壳。终于，太阳出来了，它的翅膀已经可以微微抖动，发出"嗡嗡"的声音了，墨色也干了。它终于大幅度地展动翅膀，轻轻地飞走了，落在了奶奶家的大槐树上。

于是，奶奶家也可以天天听见知了叫了。

悠悠的岁月

赵嘉祺

"明天的义卖会，就要和它们说再见了。"望着手中的悠悠球，我不禁有些惋惜。

这几个悠悠球都是三年级时买的。那段时间很兴这个。先是几个同学在班上玩，这吸引了几乎所有人的目光。往往是一个人在那边卖弄花式，周围便围了一群看客。这阵流行风一刮起来，便将所有人卷了进去。在家长面前软磨硬泡了很久，当痴想终于变为现实，却发现，仿佛一夜间，大家都有了自己的悠悠球。从此，个人表演便成了集体活动，当悠悠球在手间灵活地跳跃时，很少再有人向你投去羡慕的目光了。不禁有些为当初付出的"不吃零食，不玩游戏"的巨大代价后悔了。但没隔一会儿，便将不快抛到脑后，又同大伙儿玩到一起了。

现在想起来，好像也能触碰当年的快乐。下课铃一响，走廊、操场上便满是五颜六色的悠悠球。班上还办了挑战赛，我也幸运地拿了季军。然而，也就一学期不到的光景，当风儿吹走的时候，悠悠球便再没有离开过箱底了。

爸爸曾经嘲讽我："当初吵着要买，现在又搁这儿落灰。我就说你玩了也是白玩。"好像也不无道理，现在的我似乎再也不会玩这些玩意儿了，还要将它们卖掉。买来又卖掉，好像又回到了原点，什么都没发生。那为何要白走这一遭呢？

第二天，陈老师一眼看中了其中一个悠悠球，它便被两元钱"贱卖"了。老师说，是给她家女儿玩的。想到又有一个孩子能和我一样，拥有这份快乐，心中不免充实起来。

实然间好像明白了什么。也许以后这个孩子还会将悠悠球给其他人，但她并不后悔，因为她已经有过快乐的日子了。快乐是不追求结果的。

我也曾享受过这样的美好。买来又卖掉，的确又回到了原点，但一去一回走过的路上，盛开的鲜花，已映入眼帘；悠悠的岁月，已铭记在心。

草 之 情 愫

许熠晴

小草孤独地在角落里生长着。

轰隆隆，轰隆隆，天空中，忽然雷声大作，仿佛要把整个世界都吞没了似的。小草独自依靠在墙壁上，孤零零地淋着这突然到来的大雨，让他显得有些无助。而此时，在墙角同样淋着大雨的花儿挺着身子，似乎不怕突然袭击的大雨，在雨滴中仍然努力地绽放着。

小草把这一切都看在眼里，他在期待着：有一天，当倾盆大雨淋向他时，他可以不必垂下头，弯下腰，忍受着大雨的拍打，而是能够像花儿那样挺拔着身姿，好似在接受大雨的洗礼。

在一旁的落叶似乎看出了小草的心思，挪到小草的身边用意味深长的语气说："我们不能总期待什么，也不能期望上天给予我们什么，只有努力做好自己，这样面对风雨的时候，我们才能无所畏惧。"落叶说到这里，小草若有所思地点了点头，仿佛听懂了什么。

说话间，大雨变小了，毛毛细雨在小草的上方浇灌着。

小草也如墙角的花儿一样，直直地"接受"细雨的洗礼。不再垂头丧气地去忍受。现在的他不再期望，不再等待；而是开始行动，感受雨水的洗礼。

一会儿，天空又一次雷声大作，接着，大雨倾盆而下，小草也勇敢地迎接暴雨的挑战，挺直了身子，昂头向上，坚强地站在大雨中。小草做到了，他稳稳地站在了暴雨中，在与暴雨的较量中，小草感受到了暴雨的凶残，更感受到了自己的力量！

雨过天晴，阳光在乌云之间，探头探脑，好比羞答答的准备出嫁的姑娘，向大地回报着她的感恩。

小草感受到了阳光照耀在他身上的温暖，毫无抗拒地接受了。落叶悄无声息地来到小草的身边，欣慰地对他说："雨过天晴之后，彩虹注定会出现在你面前，不必觉得不公平，天空给予你的礼物一定会到来的。"听了这番话，小草在阳光下开心地笑了。

也许小草的情愫只有落叶能够明白，但是他之所以能够得到"坚持"这份礼物，他还得感谢必不可少的风雨与阳光。也许他是在阳光的照耀下才茁壮成长的，但是他也是在风雨的洗礼下才坚持下来，见到彩虹的。

小草默默地在角落里迎接着每一天的阳光。

春 暖 花 开

苏　寅

三月里花开，太湖湿地公园成了花海。

下车后，映入眼帘的便是那一大片郁郁葱葱的树林。成片的绿色，让"久在樊笼里"的人心情豁然开朗。

走在幽静的林间小道上，午后灿烂的阳光投射在头顶那密密交错的枝叶上，地面上斑驳的光斑轻轻摇晃着。风里带来阵阵树木的清香，醇厚悠长。小道的尽头，隐约出现了一抹红色，我们不由得加快了脚步，向尽头走去。出现在眼前的是一片红色的花海——火红的杜鹃花，淡粉的山茶花，粉红的桃花……空气中，馥郁的花香代替了醇厚的木香，悠扬而沉寂。摆脱了城市的快节奏和工作的束缚，人们怀着欢愉的心情，游走在花海之中。少女们在其中嬉戏，可真是"人面桃花相映红"！"咔嚓——"闪烁的照相机记录了她们那一瞬间的喜悦。

　　花海之前是一片平静的小湖，周围环绕着一棵棵柳树。澄澈的湖面，映出纯澈的蓝天，映出碧绿的树影。我们正沉醉在这祥和的气氛之中，突然下起了绵绵细雨。我们躲进一旁的小亭躲雨，雨丝仿佛为天地蒙上了一层薄纱，朦朦胧胧的，像一幅水墨画，让人看得内心澎湃。雨虽在下，却听不见任何声音，只有湖面上泛起的阵阵涟漪证明了它们的存在，真是"润物细无声"啊！

　　没过多久，淅淅沥沥的小雨便渐渐停了。太阳又从云头露出了红彤彤的笑脸。雨后的天空，带着特有的湿润感，令人不由得大口呼吸。

　　时间过得真快，眨眼间，已到了分别之际。我们一步三回头，夕阳为这里镀上了一层金色。微风拂过树林，掀起阵阵林涛，树叶摇晃之间发生的"沙沙"声，仿佛是在和我们道别。

　　纵然我们离开，但那春暖花开的景象仍留在我的心中，永不磨灭。

老 槐 树

任婉莹

风凄凄地吹，孤僻的乡村，一棵粗壮的老槐树屹立在村头！

第一眼看上去，只觉得他很老，身上到处是褶皱，其他的，一点儿也没有了……但是在树下站久了，心中的念想在不知不觉中就变了……

他像一位历经沧桑的老人，我知道他身上的皱纹就是这几百年来所有磨难的写照。每日每夜，他都岿然不动。

崭新的春日，他和万物一样享受着明媚春光，和煦轻风。枝头抽出几片绿叶，增添几分勃勃绿意，给人们留下一个美好的春思。老槐树与其他花草不同，他不像花朵那样争奇斗艳，不像小草那样畏畏缩缩，在他身上我看到的是纯朴。

炎炎夏日，叶子被骄阳晒得都出油了，蝉趴在树干上鸣叫。午后，是多么令人烦躁不安！但当你站在老槐树下，一股沁人心脾的香味扑鼻而来，使这个不安的午后又多了一分清新的安宁，但他依然毫无表情地站在那儿，并不为自己的功劳而沾沾自喜。

凝重的深秋，空气中的冷意越来越重，槐叶纷纷凋零，他再次变得不起眼，但他依然面不改色，只是多了几分庄严和肃穆。他并不为暂时的失意而失落。

凛冽的冬风，将老槐树的叶儿全部打落，但他并无畏惧之情，似乎一直在等待暴风雪。沉重的积雪将他的枝头压弯，但他并没有悲伤，他坚信，当太阳出来时，积雪终究是要融化的，风雪抵挡不了太阳，抵挡不住的……

很久很久，他还依然屹立，疾风骤雨都打不垮他。就在这个村庄，他生活了好多好多年。他无时无刻不在守护着这个村庄，他将他的一生用实际行动告诉了这个村庄的所有人：什么是纯朴善良，什么是谦逊虚心，什么是胜不骄，败不馁，什么是刚强乐观……

一棵老槐树，用他的一生诠释着奉献、坚强和谦逊。他用身上的每一条皱纹告诉人们，一生是充满艰难和困苦的，要经历不断的四季轮回的，我们要用坚定的信念和智慧的力量战胜一切困难，当经历了风风雨雨后才能感受到生命的意义……

留住这片清幽

王晨曦

压抑时，我都会出门散散心。

阳春三月，平静的小巷，坐落在市区不远的地方，青瓦粉墙，漆门铜环，墙外一番清幽，墙内一份神秘。走进小巷，阳光洒在石铺的窄窄的小路上。这条路很深，延向前面，似乎没有尽头，但这缕阳光却让人感到格外温暖。

这时正值中午，阵阵微风扑面而来，很舒服。暗处，左右的墙上，石砖的缝中，渗出一些青苔，嫩嫩的，绿绿的，根部似着了些墨绿色，苔尖上是碧绿色的，石砖缝中也是碧绿色的，我仔细观察它们，原来是前些日子刚下过雨，这些砖下的小生命，抓住机会，争先恐后地冒出脑袋，观望这个世界。我不由得赞叹：多可爱的小生命啊！因为它们，心中的压力也得到了些许缓解。

就这样，我竟在这条巷子内一直待到了下午。

　　天色暗沉，有几丝雨飘在我脸颊上，很舒服。无奈，雨越下越大，我急忙躲到屋檐下，看见眼前许多撑伞的人，匆忙地走过，他们无心欣赏这美妙的雨，这是多大的遗憾啊！

　　不知怎的，过了一会儿，雨竟停了。

　　到处弥漫着泥土的芬芳。那边有个梅花窗，探出一丛竹子，碧绿碧绿的，让人眼前一亮。竹叶上晶莹的水珠顺势滑了下来，在叶上留下一道水痕。

　　我心中的忧愁顿时烟消云散，灿烂的阳光，墙缝中的青苔，碧绿的竹子，有了你们，我还有什么可烦心的呢？真想一直留住这片清幽……

青 松

王 颖

青松，是不平凡的！

自古以来，青松一直被人赞颂，人们留下了千古流传的名句，不断地激励着后人，鼓舞着后人。

四季如春的青松，无时无刻不向人们展示着他高大、雄伟的身躯。雪花飘舞，天寒地冻，平常开得旺长得盛的花和树，在这时都已枯萎。唯有青松，傲然挺立，与大风大雪做斗争！

在雪花漫天飞舞的冬季，青松身体的每一处都在被"敌人"侵略着！挑战着！但青松从不动摇，他义无反顾地伫立在自己的领土上。他也从不反抗，默默无闻。他用无声的语言感化他们，温暖他们，他甘做无声的英雄！他用他必胜的信念告诉他们，他是打不倒的，只有他才能征服冬天！

街上的梧桐，早就被积雪压垮了，它们呻吟着，呻吟着，拼命地向人们呼救，想把自己对暴风雪的恐惧掩藏到积雪深处。

公园里的小草更是受不了这大风大雪的折磨，他们这些小草啊，享受不了生活的战斗的欢乐，呼呼的西北风就把他们吓坏了。

平日里活跃无比的小动物，胆怯地躲在自己的家中，生怕外面的暴风雪伤了他们弱小的身子……只有那青松，依然伟岸地伫立在那儿，享受着暴风雪带给他的欢乐！

冬天的王者——青松！

他用那挺直的躯干，担起厚厚的积雪。不认输！不怕输！大雪以为自己是无敌的，但青松就是那么顽强！就是那么不屈不挠！青松向他们展示着从不言败的精神！

更多时候，青松更像一位老师，时时刻刻都在教我们，要想战胜困难，取得成功，就必须得像他一样，百折不挠！无论别人怎样欺压，都不能改变我们必胜的信念。只有这样，我们才能向成功靠近，向梦想靠近！

如今的我们，正处在人生中最关键的时刻，常常遇到挫折、失败。但只要我一想到青松，就马上有了斗志。

伟大的青松啊，我们赞美你！

秋天的精灵

代雅楠

秋天，一个硕果累累的季节，因为有这些可爱的精灵——树叶的舞动而显得格外生动美丽。你瞧，那边的树叶像翩翩起舞的蝴蝶，这边的树叶像舞姿优美的舞蹈家，这些树叶像顽皮的孩子在外玩耍，那些树叶像迷路的孩子在找回家的路。

突然，一簇簇"火苗"把我吸引了，走近看，原来是热情而又动人的枫叶少女。枫叶少女已脱去轻便的夏装，换上了华丽的秋装。她很瘦，只要轻轻一按就可以清晰地看见枫叶上的叶脉。拿着像火一样的枫叶，不禁想起一句古诗："停车坐爱枫林晚，霜叶红于二月花。"热情的枫叶少女再也按捺不住自己激动的心情，对别的"同胞"说："秋姑娘要来参加聚会了，大家快换上美丽的礼服与秋姑娘一起跳舞吧！"

听到枫叶的呼唤，爱美的柳树姑娘也迫不及待地想去参加聚会。她赶忙在秋风中梳理自己的秀发。可惜春天和夏天已过，柳树姑娘脸上的"皱纹"也越来越多。她已经不是那个曾在春姑娘和夏姑娘的聚会中蝉联两次冠军的超级美人了。但是，不用担心，明年秋天那个风华绝代的柳树姑娘会回来的。不过，她还是有点儿伤心，因为今年就不能参加秋姑娘的聚会了。

正当我轻轻安慰柳树姑娘时，一片银杏叶落在了我的肩上。我小心地拿起那把小巧玲珑的扇子，心想，她扇去了夏天的炎热，扇来了秋天的凉爽。是哪一位心灵手巧的工艺师打造了如此独一无二的树叶？是大自然，只有它才能打造出那些完美无瑕的树叶。

秋天就是因为有了那些美丽树叶的点缀，才会如此生动美丽。她们是当之无愧的秋天的精灵！

柿 子 树

钱熙来

小时候，我不喜欢柿子树，觉得他有点儿土。

我老家的后院就种着一棵，树叶茂密，阳光都挤不进来。细矮的树枝上顶着无数片墨绿色的叶子——真的是极多，都垂下来了，让人以为是个巨大的灌木丛。除了这个，就没什么特别的了。树枝也不粗，叶也不翠，实在令人不喜。

我一直向奶奶抱怨，要除掉这棵"杂树"，他太丑了。奶奶却笑道："他啊，活了很久了，果儿可好吃了。"

活了很久了？！他枝干细到令人感觉再加根羽毛就要倒似的，据我所知，长寿的树枝干又壮又粗。我把奶奶的话听成了笑话。

巧了！当夜就骤雨伴雷，前所未有之大。

　　我觉得如此之暴雨，这棵树一定再也顶不住了。风呼啸，雨奔跑，也许它们与我一样，看不惯这棵在翠绿中默立着的树吧？

　　雨到天明也不见停。但当我来到后院时，他却依然挺拔地站在那里。偌大的雨珠汇成一盆水倾注而下，早晨的寒气使我不禁打了个哆嗦。但他顶住了！雨水使他的叶子更鲜亮，虽不逼人眼，却是那么让人难以控制地去看他。

　　而那些苍翠的"千年古树"，虽也没倒下，可也"断胳膊断腿"了。雨把那些曾经高昂的枝干，毫不留情地冲断。可能雷雨当初只想"对付"这棵违和的柿子树，只是巨大的冲击没打倒他，却打倒了那一棵棵曾经美丽得令人叹息的树。

　　别人对他嘲讽鄙夷，他却依然高洁地生长；别人对他随弃随离，他却长出凉爽的绿荫；别人对他如此冷漠无睹，他却默默结出甘甜的果实。

　　雨过天晴后，他那被雨打得垂下去的枝干又耸立起来。

　　我终于喜欢上了柿子树。

树 大 根 深

王思匀

在尘土飞扬的城市里，在某个不知名的街道旁，立着两棵树。一棵是根基深厚的大树，一棵是新来的小树。

小树爱抱怨，为何它的养分总是不够，水分让它喝不饱，为何它那么瘦小，而大树却那么强壮。大树每每听到，只是摇摇枝叶，跟小树讲："去扎根吧！"而小树根本听不到。

有一天，小树又忍不住开始抱怨，大树晃了晃叶子，语重心长地和小树讲："你努力地往下扎根，这样才会遇到地下水和肥沃的土地。"小树照做了。可才伸一下，就直嚷嚷："疼死了，我根本扎不下去。""唉。"大树摇了摇枝干，"这里是城市，不会有太阳般温暖的泥土，只会有冷漠的混凝土陪伴着你。""但，它硌得我生疼，我不想做了。"小树动摇了。大树突然一改以往温和的语气，严厉地说："那是人类做的事。你怎么也能学他们呢，拿出树的尊严和勇气来！"小树被吓到了，树枝上开始冒透明的汁液，大树叹了口气，抽出树枝碰碰小树："别难受，你不想和我一样吗，那就照我说的去做吧。"小树合上那双饱经沧桑的双眼，不觉点了点头。

好多年过去了，小树早已长成大树，每当旁边的小树扎根喊疼时，他总是用当年大树的话来告诫他们：

"世上无难事，只怕有心人。"

我和四季梧桐

龚 畅

四季轮回，花开花落，去年的落红化作今年的春泥，失去了踪迹，满院春色中，只有那棵梧桐岿然不动。

初 春

春雷乍响，细雨润如酥。年幼时最喜爱蹲在梧桐树下的花坛边，看着雨水穿过枝丫，透过稀疏的新叶，打在明镜一般的小水洼中，溅起珍珠般的碎屑，煞是好看。沉醉之时，从不曾记得打伞。忽然觉得头顶的雨小了，扬起脸却是老师慈爱的笑脸和手中那把透明的雨伞。水滴汇成丝丝缕缕的雨线，定格在我和老师对视的目光中。老师也并不生气，拉着不情愿的我走回廊下，接着是轻轻的一声叮咛："下雨天别站在树下。"

细雨中的梧桐树下，我走过一个奇妙的春天。

仲　夏

伴随着一声声的蝉鸣和蛙叫，夏天来了。体育课已成为我们的最爱。虽然课前仍有绕场两周的跑步，我们也并不很在意。炎炎烈日之下，梧桐树的叶子越发绿得沁人心脾。汗水淋漓地自球场上走下，大家总是三五成群地聚在梧桐树下，把身体靠在粗糙的树干上，仰望梧桐叶缝间漏下的斑斑驳驳细碎的阳光，享受着梧桐树带来的丝丝凉意，心里的那份惬意啊——蝉鸣一夏，我们也在梧桐树的荫蔽下走过一个绿色的夏天。

深　秋

秋天，梧桐树褪去了一身的碧绿，渐次染成了金黄。每天早晨我总要提早一些来到操场，小心翼翼地拈起一两片沾了泥土的落叶，这样的小心是很难持久的。三三两两的同学用双手一揽，抓起一把落叶尽情地洒下，落叶洒在空中，砸在同学的身上。我们也时时防备着背后砸来的叶子。操场上的落叶在挥洒中渐渐零落。

瑟瑟秋风中，我们在梧桐的落叶中嬉戏，踏着片片落叶，走过一个金色的秋天。

冬　至

　　初雪降临，新年的钟声响起。临窗看着窗外飞雪飘落，掩去梧桐灰色的枝条。枝丫间零星的几个小球在寒风中招引着鸟儿的鸣叫，几个衣着艳丽的女孩子绕着梧桐树嬉闹着，时时传来清脆的笑声。我背着书包，从积雪的梧桐树旁经过，看见她站在树下向我挥手。

　　她跑近了，手中的围巾挂到我的颈间："送你的，生日快乐。"头顶传来簌簌的轻响，雪花钻进我的脖颈，脖子凉凉的，心里却是暖暖的。

　　凛冽的寒风中，伴着梧桐枝丫间的落雪，我走过一个温暖的冬天。

校园的秋意

周利莎

秋风吹过，吹落片片枯黄了的树叶，给校园带来了浓浓的秋意。

傍晚，当结束了一天的课程后，我漫步在校园里。正当要欣赏这刚刚被秋意渲染过的校园时，却偏偏下起了小雨，我急忙拿出放在包里的雨伞，撑了起来。

这雨，绵绵的，没有春雨般的细腻温柔，也没有夏雨般的豪爽热烈。却是如此安静、典雅。

不知不觉，走到了学校的桂花树下，那迷人悠长的香气扑鼻而来，让人心旷神怡。静下心来，那香气一丝丝、一缕缕地飘来，像个顽皮的孩子钻进我的心中。抬头望了望那小巧的桂花，金黄金黄的。花开得很盛，连成一片，就像一片金色的海洋。那俏丽的桂花被蒙蒙秋雨沾湿了，显得娇艳动人起来。有些桂花承受不住那秋雨，便像一个个活泼可爱的精灵一般从天而降。伸出手，那花瓣还顽皮地粘在了手掌上，硬要赖在上面，不愿下来。近看那小小的花瓣，大小比指甲盖还小。不一会儿，那些桂花把原来那不显眼的地面上铺上了金黄色的地毯。受过秋雨洗礼的桂花叶也落了下来，点缀了那金黄色的地毯，增添了一分绿色。

　　与这黄色充满希望的世界截然不同的便要数那一小片的彼岸花。大红色的花，红得有些惊人，既妖艳又美丽。因为它那深艳鲜红的色泽，它在我的记忆中，一直是一种恐怖得让人害怕的花。但看见它被那雨水一点一点无情地拍打，红得似火的花瓣也落了一地，不禁也让人心疼起来。它是如此绝望、凄凉……

　　在充满秋意的校园里，不仅花美，树更美。一棵棵高大粗壮的大树，不顾温度的下降，仍坚持着守护这所校园。它的孩子——树叶，也装点着这所校园，染黄了它，给校园换上了秋天的新装，美丽动人。

　　校园那点点秋意总是让我着迷，不仅是因为它美，更是因为我爱这所校园，爱着它里面的每一样事物……

早 春 海 棠

李子彧

早春的南京城，残余的寒冷总弥漫于空气中。像冬天的梦，久久地挥之不去。那高远的天空，也仍是阴沉着，苍白着，覆盖着薄纱，迟迟不肯露出蔚蓝的笑脸。然而，南京人是幸运的。春天早已将她的种子播撒在了海棠的花苞中。不知不觉中，海棠花——这春天的酝酿者，悄悄地笑了。

今天天晴，阳光照在身上，暖洋洋的。我趁着这样的好天气，赶忙去公园散步。偶然间，一团明艳，如朝霞、如烈火，令人惊喜地映入了我的眼帘。我心想，定有什么花儿开了，便满心期望地跑到了花丛前，"天哪！"我暗自惊叹，"前几天还在含羞的小花苞，今天却完全绽开了。"

在我眼前，是一大簇一大簇盛开的海棠花，如火花迸溅，倏地怒放在这悠远的蓝天下，仿佛想把这天空也染成鲜艳的红色一般。仔细看，每朵花儿都调皮地吐着那细毛似的花蕊，而花蕊的尖端，一粒粒金色的小珠，仿佛不仅仅贮存着花粉，还满贮着那播种新生命的希望。一朵朵花涨红了各自的小脸，向春天发出自己那迫切的叫喊。像我这种凡夫俗子，是听不见这热情、纯洁而又神圣的声音的。但我想象得到，那一定是世上最能激励成功的呐喊。因为，一只只胖乎乎的蜜蜂，早已披上了黄黑相间的工作服，前来辛勤劳作了。我向稍远处的海棠望去，大团大团的火红，燃烧在一棵棵树的臂膀上。愈望愈远，直到海棠长廊的尽头，每株树上的每一朵花，都使尽全身力量，虔诚地为春天，为生命，释放着浓浓的炽热。

　　站在繁花丛中，我忽然忘记了自我，仿佛自己也成了海棠，伸展着火红的手臂，在春风中缓缓摇曳，沉醉在了春天的甜梦里。

不长大该多好

姚 佳

小时候，无比渴望长大，计划要去的学校、要做的事、要成为的人，但当真正长大之后，却又无比怀念——不长大，该多好！

隐约记得那时的邻居是个爱哭的小男孩儿，有着一张白嫩而水润的小脸，格外地讨大人喜欢。那时的我虽然也算白皙，与他相比，却少了一分乖巧懂事，因此在别人眼中，是万万不及他的。但是，我却极爱欺负他。

阳光明媚的日子里，大人们总喜欢牵着我们到门口晒太阳。大人们聊着我们听不懂的话题，我们玩着大人们看不懂的游戏。过家家应该是每个小朋友小时候都喜欢玩的游戏，可偏偏在我这里，我永远要当那个爸爸。而他，总是让着我。就这样，我的世界，全是他的影子。我们每天拉着手唱着歌上学、放学，分都分不开。直到某一天，我忽然有点儿明白，他是男生，我是女生，我不应该和他手拉着手上学、放学。班里除了他还有很多小朋友可以和自己一起玩，他不再是我的全部。

然后，就这样，我远离了他。

后来，偶然间我见到了他。再也没有儿时的影子，再也没有曾经的熟识，我们像最熟悉的陌生人一样，点头，问好，道别，离开。然后，再未转身。我们在人生轨迹上曾经有一瞬间的交叉，然后，在不知何时又开始远离。

曾经我相信，那时候最好的朋友，可以好一辈子。

但后来我发现，不用因为争吵，不用因为误会，可能仅仅因为不在一个地方念书、过不一样的生活、遇见不一样的新朋友，我们之间就会有很深的隔阂。直到有一天，当我们再遇见，加上对方微信，才发现，那么长时间以来想说的话，两三句就讲完了。

还记得在寒冬里的聚会。冬天一如既往的冷，窗外是呵气成霜、冰冻三尺的严寒，屋内却充满温暖的空气。举着手机，拍着彼此的模样，抑或互相询问"你最近怎样"，喧闹的声音和漂浮的饭菜香气混合在一起……彼时相亲相爱的我们，就这样潦草地离散。时间转了一圈，原本的短发姑娘蓄起了长发，最内敛的同学变得能言善辩，往日跋扈的人却变得世故很多……此刻，我们内心总会保有一丝希冀，希望一切一如从前。

而事实是，每个人都展开了一段新的生活——每个人，包括我。

从饭店出来，夜已在不知不觉中悄然落下帷幕，散乱的几颗疏星，不耐烦地洒下些许微弱的光，街灯印下来，在雪地上晕开一小片一小片橙黄色的暖光，漂亮得那么不真实。

时光向来刻薄，像吹散一朵蒲公英似的，把我们吹往不同的地方，大抵人生总是这样，充满一场盛大的邂逅与别离。你以为无边无际的苦读生活，就那么一眨眼过去了，曾经叫喊着快点儿熬过去吧，等真正走过去了，竟会希望日子能慢一些。曾经的那些人，那些事，竟在我的记忆中一留这么多年。现在想起来，觉得真好笑。彼时调皮的我们、幼稚的我们、无知无畏的我们，却也只有在那个年纪才会有的我们。

如果能不长大，那，该有多好！

妈妈的唠叨

汤思捷

"小小少年在长高，随着年龄由小变大，他的烦恼增加了。"没错啊，我们虽已摆脱了幼嫩无知，但我们的烦恼却也在不断增加。

许多同学的烦恼在于作业如山呀，成天考试呀，我并不否认，但对于我来说，最大的成长烦恼非妈妈的唠叨莫属了！妈妈的唠叨就如同一朵乌云，整日笼罩在我的头顶，怎么也甩不掉！

"捷捷，怎么还不写作业呀？看看都几点了？"瞧，妈妈可怕的唠叨又开始了。

"我写完了，早在学校就写完了！"我只好不耐烦地回答，说完便继续聚精会神地看我的电视，她走过来毫不留情地把电视一关，开始了如滔滔江水连绵不绝的念经："你这个孩子，叫我怎么说你，一天到晚就知道看电视，我为了让你上一个好学校花了多少钱呀！你却在这儿看电视，你看十分钟的电视就可以多思考一道题目，但是你只看那些没有用的偶像剧，对你将来都是没有用的，所以……"还没等妈妈的经念完，我就已经"口吐白沫，不省人事了"！

不只学习，就连吃饭也离不开她的唠叨，我真的快被她逼疯了！

我正津津有味地啃着鸡腿，她却突然夹一大堆青菜到我的碗里，嘴里还念叨着："多吃些青菜呀，它可是富含维生素E的，功效可大了，比如你脸上的一颗颗'青春美丽豆'……"得了，刚刚的胃口全没了。

妈妈的唠叨就这样如影随形地跟随我到现在，但随着年龄的增长，我也渐渐懂得了妈妈的良苦用心，也许，仔细想想，这非但不是成长的烦恼，而是一种幸福！

有时换一种心态去面对成长道路上的烦恼，会比整天抱怨有效得多，希望大家记住一句话："天空虽然有乌云，但乌云的上面，永远是太阳！"

我也想对带给我烦恼的妈妈说："妈妈，谢谢你的唠叨，因为有你的唠叨，我才会这么健康快乐的长大！"

成长的痕迹

张苏雨

　　一直都不曾想过，身边的事物对我的帮助，而今，想一想，伴随了我十几年的那张铁床，算是我成长的痕迹吗？

　　听妈妈说，当我哇哇大哭、降临在这个世界的时候，爸爸做了一张床，"送"给了我和妈妈。在那时，妈妈曾彻夜未眠，几乎每一夜都是，妈妈说："那时没人教我怎么照顾你，睡觉又怕你不舒服，就抱着你坐着睡，深更半夜，你就哭起来了，我也只能跟着哭。"这样的情景，床，你看见了吗？

　　面对我的慢慢长大，床，你记得吗？那点点滴滴……洗完澡后，我把被子当披风，无情地在你身上跳啊蹦啊，丝毫没有理会你的感受，我的快乐建立在你的痛苦上，你都毫无怨言。我是一个不安分的人，只有睡觉时才能安静下来，夜里凉，你就容纳我在你的身上无数次地尿床，妈妈曾经无数次说我，而你，又用沉默表达了你的心声。

渐渐成长的我，慢慢消逝的你，我不知道何时与你分别，那时，面对一张崭新的发亮的床，我会狠心把你抛弃吗？你会原谅我的自私，赶走你这步履蹒跚的"老人"吗？时间不留人，你离去的日子渐渐趋近，进入青春期的我，身体正在快速地成长，原先可以不同姿势睡觉的我，现在只能安安分分地躺下来，你依然包容我，让我躺进你温暖的怀抱，你真的好像，好像我的母亲！

搬家了，"那床都用了十几年了，换了吧！"爸妈在客厅议论着，在书房的我看了一下那老旧的铁床。

换了吧，真的该换了。如今，我已经搬进新居，迎来的是木头床，它再也不容许我的张狂，我的乱蹦乱跳。多少次的眼泪，多少次的笑容，甚至还有酣睡时的口水，都在那张铁床上。

铁床，你在哪里，我真的好想你。

一杯热茶，一段时光

风雨中成长

周庚妮

我搬家了。

新家的楼下，有一片空地，于是妈妈"拖"着我天天在那里跑上几圈。迎着扑面而来的晨风，空气中流动着阳光的味道，塞上耳机，闭上眼睛，感受着风，自由的风，真是无比惬意。可是，就算这样，也总有疲倦的时候。这种疲倦随着时间的推移越来越多，越来越大。

这一天，下着毛毛细雨，我醒来的时候听见雨点打在窗上如泉水般叮咚悦耳。我心里有着兴奋和高兴，毕竟终于找到借口不用去跑步了！望着窗外的小雨，心里开心得不得了。找到了令自己有恃无恐的借口，我竟然有勇气赖在床上不起来了！

正当我香甜地睡着时，妈妈进来了。她早已"整装待发"，望着床上呼呼大睡的我，眉头不由得皱了起来，催促着我赶紧起来和她一起跑步。我几乎低声哀求地对她说：

"妈妈，你看今天都下雨了，跑步能不能……先放一放？"我的语气带着些得意，也许是觉得自己言之有理吧？

"不行！"妈妈的语气显得有些坚硬，"哪有说放弃就放弃了？一次找借口，两次找借口，到头来还是一事无成！你想想这些年你哪样东西是坚持下来的？奥数，书法，画画，跳舞，钢琴……"妈妈小题大做，站在那里不断地数落着近几年来我的种种"罪行"。

是啊，哪一样我是坚持下来的？回忆如同潮水般向我涌来：

以前我看着班上的同学去学跳舞，在学校举行的活动上，水一样柔情，火一样热辣的舞蹈无不打动了我的心。体内的每一滴热血，每一个细胞都在狂吼着，叫嚣着这样疯狂的念头：去学跳舞！妈妈欣然地答应了我的要求并且叮嘱我，跳舞是很辛苦的，一定要咬牙坚持下来。当时的我被热情冲昏了头脑，硬是报了舞蹈班。可是，等真正上了课才知道它的不易，先别说舞蹈的基本功：压腿，侧翻，空翻，旋转……就是我在那个班里也莫名其妙地遭到了"排挤"：班里全部都是比我小上几岁的孩子，和我差不多的倒也有一个，只不过没过多久就不学了，剩下比我大的早就可以登台演出了，哪里还会像我一样窝在这里和一群孩子练基本功？就这样，我忍受了几个月的这种无形的折磨，忍受着不合群的感受，终于，在一天早晨爆发了出来：我站在自己的卧室里，又哭又闹，又蹦又跳，使劲了浑身解数，死活都不肯去上舞蹈课，甚至都跪下来去求妈妈了，妈妈也一定是被我的样子吓坏了，起初她还软硬兼施，又是劝又是喊，但后来终究还是妥协于我，跳舞这件事便不了了之了。

可是，直到现在，妈妈也不知道当初我不去跳舞的缘由，舞蹈课的事情就如同童年故事的一个残影。当我看见舞台上那优美动人的舞姿时，总是不由自主地叹一口气："如果当初不放弃的话……"

这时候的我，仿佛又听见了那带着悔意的叹气声，妈妈的话真是点醒了梦中人！是呀！有了一次借口，不去跑步，就会有第二次的借口。人生不是舞蹈课，不是你哭着闹着就可以不去面对的，妈妈说，你必须学会坚持，这样才有骄傲的资本。相比人生之海的大风大浪而言，毛毛细雨又算得了什么？不过是成长的闯练罢了！走，跑步去！

塞上耳机，闭上眼睛，身旁吹过的是风，自由的风。

今天我收获了成长

徐天奕

虽说已是立春时节，但是天空还是那么阴沉，淅淅沥沥的小雨不停地下着，向来喜欢雨的我，今天却对它产生了厌恶之感，这个冬天怎么那么漫长！身穿羽绒服的我感觉到的不是温暖，而是阵阵的阴冷和潮湿，同学们在教室里时不时发出的吵闹声，更使我感到心烦。

上午的第四节是数学课，状态不佳的我已经不能心无旁骛、专心致志地听课了。突然我的胸部剧烈地疼痛了起来，我皱起了眉头，尝试着调整呼吸，让自己平静下来。看着同学们一个个都凝视着黑板，认真听课的神情，我真不能去影响他们，更不能去打扰老师上课，不能因为我个人的原因影响了整个课堂。

终于忍到了下课，这一节课是如此的漫长。同学们注意到了我痛苦的神情，纷纷过来询问我的情况，老师也很

一杯热茶，一段时光

快来了，带我去了学校医务室。看着老师和同学们满脸焦急的表情，我心里感到暖暖的，突然就感受不到寒冷了，真正的春天将我包围了起来，守护着我。

在医务室的时候，剧烈的胸痛再次袭击了我，这种疼痛，感觉像是一把尖刀插在我的心口，不停地在刺痛我，不一会儿，浑身上下就大汗淋漓了。老师一看情况不好，立即打电话通知了我的家长，班长帮我提着书包送我到校门口，我被妈妈带到了医院。

今天医院人不多，所有的检查和化验很快就完成了，疼痛也慢慢地缓解了，医生嘱咐让我好好休息，暂停体育课。妈妈一看时间还早，让我回家好好睡一觉，可我却想要回学校，回到同学们中间，上完下午最后的两节课。妈妈不同意，再三劝说，却为我的执拗所征服，她说我变了，长大了。

是啊，我真的变了！

三年前的我，也曾经在上课的时候身体不舒服，可一会儿就好了。当时我讨厌学校，便继续装着病，恨不得早早地回家休息，在我心里家是最好的。我骗过了所有人，在家里我玩起了游戏，做了很多上课时做不了的事情……

而今，我再也不是从前那个我了。我开始热爱学校，热爱集体生活，热爱我的老师和同学们，学校不仅仅是学习知识的地方，也是让我坚强和成长的地方，和老师同学们在一起，让我拥有强大的力量，坚强的后盾，他们就是我的家人，就是我的兄弟姐妹！

当我回到学校，推开教室门的一瞬间，眼前的一幕，让坚强的我热泪盈眶。热烈的掌声突如其来，这是因为上午的语文考试我考了第二名对我的鼓励，更是老师和同学们对我的认可！

成长中的我再也不惧怕病痛和苦难，顽强的意志力，坚持不懈的精神是我成长道路中让我受益匪浅的品质，坚持的背后往往会带来意想不到的收获。

今天我收获了成长！

一杯热茶，一段时光

苦　趣

朱海阔

　　漫长炎热的夏日午后，我在一横一竖一撇一捺中，感受着书法文化的博大精深……

　　那是一个美妙的早晨，合欢树上，一朵朵婀娜多姿的合欢花亭亭立在枝头，散发出香远益清的迷人气味。树旁，一位俊朗、瘦挺的老人站在石桌旁，挥舞手里的毛笔，那字遒劲有力，落落大方，如同滚滚的长江水般气势恢宏。我顿时震惊，对他钦佩得五体投地，想不到那笨重的毛笔下居然能演绎出如此生机勃勃的画面，便也产生了学书法的念头。

　　暑假到了，午后，灼热的火球疯狂地炙烤着大地，整个老城如同一块烧透的砖窑。我却研了墨，铺开宣纸，练习书法。提起笔，写了一横，笔却如同一只顽劣不羁的鹰忽上忽下，这横如蚯蚓般惨不忍睹，我不甘心，又不断地写着笔画。屋子里好似蒸笼，手与笔之间渗着细细的汗珠，汗水如断了线的珠子般重重地从头上打到地上。我毫不气馁，用心揣摩顿笔、行笔、收笔的技巧，体会各笔画之间的结构关系。过了一个小时，我已经好像刚从河里游过泳般，汗水打湿了我的眼眸，我奋力擦了擦，又全神贯注地投入其中，全然不顾那炽热剧烈的心跳……

终于，过了几天，笔在我手中驾驭自如，我切身感受着书法带给我的快乐。横，似流水，婉转流畅，叙说着生命的柔情；竖，如青山，昭示着生命的尊严；撇，像夏花，展示着优美的身姿。我漫步在书法世界里，与颜真卿对话，感受他饱满刚正的人格；与柳公权约会，体会他坚韧不拔的风骨；与欧阳询神聊，触摸他潇洒飘逸的心跳……在神奇的书法世界里，我开阔了视野，陶冶了情操，早就将那火热的风、苦涩的汗忘得烟消云散。

这个夏天，我挥洒了汗水，却收获了乐趣，获得了一种宝贵的人生经验。

阳光总在风雨后，经历了苦涩与烦恼，一定会收获幸福甜蜜，正如那春蚕，不经历挣扎痛苦，哪有破茧而出的震撼？珍惜苦吧，它必将带给你趣味，成为我们生命中一笔宝贵的财富。

一杯热茶，一段时光

蜜蜂的坚持

孟泓露

记得五年级的那个夏天，我的学习成绩不很理想，心情一直不好。父母为了调整好我的心态，让我在接下来好好努力，全力冲刺一个好中学，全家去了黄山旅游。那是我心仪已久的地方，但我却怎么也兴奋不起来，平时心里的那股激动劲儿不知飞到哪儿去了。

那天爬黄山，太阳在头顶上火辣辣地烤着大地。好不容易爬到了半山腰，已是下午一点了。大家围坐在一棵大树的树荫里，拿出包里的方便面和甜点，开始吃午餐。我一个人坐在旁边的石凳上，边咬着奶油面包，边淡淡地欣赏着远处的风景。

青山绿水，蓝天白云，飘飘袅袅，如丝如绸，黄山是如此的美丽，谁也画不出这"五岳归来不看山，黄山归来不看岳"的景色。大自然真是神奇！大自然真是美妙！比起这无与伦比的大自然，分数又算什么呢……

"嗡——"一种声音在我身边环绕了几圈，使我从美景中清醒了过来。"什么呀！"我皱着眉头，用尖锐的目光在身边扫来扫去。哦，原来一只蜜蜂嗅到了奶油面包的香味儿，飞了过来。"真讨厌！"我一手拿着水瓶挥舞着驱赶那只蜜蜂，一手把奶油面包紧握在身后。那只蜜蜂见无机可乘，只能眼巴巴地望着美味，灰溜溜地飞走了。

我又安心地吃起了面包。

"嗡——"那种声音又开始在我身边响起。"又来了！"我瞪起了双眼，紧张地侦察着"敌情"。果然，那只蜜蜂受不了奶油面包的诱惑，又飞了回来。我看准目标，手拿方便面的塑料盖朝着蜜蜂用力一挥，那蜜蜂被我打出了老远。"哈哈，也就这点儿本事？"我带着一丝讥讽笑着摇了摇头。

"奶油面包香喷喷，引来蜜蜂往前奔，我挥盖子赶蜜蜂，从此蜜蜂不来争……"

正唱着小调儿，那"嗡——"的声音又靠近了。"哇呀呀呀——"我怒气冲天地抄起塑料盖冲了上去……

"嗡——"……

不知那蜜蜂又来了多少次，我认输了。每次蜜蜂都会受到或大或小的挫折，但它每次又重新飞回来，这使我自愧不如。蜜蜂为了自己的食物，一直坚持着，努力着，每次都毫不气馁，这不正是我所要学习的吗？一次考试的失误又有什么关系？努力吧！坚持吧！

我怀着敬佩的心态，小心翼翼地把剩下的面包放在了凳子上，充满信心地离开了，因为蜜蜂的坚持让我知道了今后该怎样走自己的路。

我的阳光依旧

张永庆

今天阳光很好，一如往昔。

——题记

我是一株小树苗，无意间在这片土地上扎根发芽。稍稍昂起头来，阳光洒在我的眼帘上，微刺眼，不过很温暖。

在我的附近住着一个中年男子，他有一个很大的庭院，很漂亮而且采光很好。那天，他注意到了我，将我小心翼翼地移进了他的庭院，那是我向往的栖息之地，里面有许多我的同伴，他们每天晒着阳光，哼着歌。

两年后，我长高了不少。在庭院里，我似乎比其他同类要高一些。那个男人会悉心地照料我们，阳光洒在他的后背上，几缕白丝悄悄地藏在他的发间，并不是那么明显。

五年后，我又长高了一些，现在的我必须要低下头去看身边的事物了。那个男人拎着旧水壶朝我走来，随同的还有一只猫，很温顺的样子。猫很喜欢躺在我的身边晒暖阳，在阳光下，它光滑的皮毛显得特别柔顺、耐看。

十年如同流水般匆匆流淌了过去，你可以用"茁壮"这类词语来形容我此刻的样子，那个男人，哦不，这样称呼他已显得不合适了，他正一步步地迈向老年，他的白发如同一夜盛开的梨花，开得正旺盛，之前的那只猫早已逝去了，现在依偎在我脚下的这只猫有着同样温顺讨喜的性格。整个村庄变化很大，那些平房不知何时变成了高楼，遮住了很多阳光，男人的屋子处于前面楼房的阴影里，和前方的阳光区域显得格格不入。我并没有为此放弃，每天都尽力昂首去触摸阳光。

又一个十年，这次的十年似乎有些漫长。男人彻彻底底地成了两鬓霜白的老爷爷。他经常在我脚旁的躺椅上休息，怀里抱着小猫。我现在可以与阳光充分接触了，但是他不能。他的庭院早已不如往日生机勃勃，大部分花草已经枯萎，只有一些残枝败草颓废地躺在院子中。

不知过了多少年，我已从当日那株树苗蜕变成了如今的参天大树。男人不会再来看我了，他的猫也消失不见了，伴随着消失的，还有他那破旧的老屋和庭院。阳光爱抚着我的枝叶，我却不能欣喜起来。

那一天终于来临了。一大群人带着机器和工具向我走来，我竟一点儿也不觉得恐慌。我倒了下去，瞬间，阳光离开了我。在我的眼前浮现出了往昔的画面，那时的我还是一株小小的树苗，男人对我微笑着，我又仿佛看见了他的庭院和那只老猫。此刻的我很温暖，正如阳光依旧。

终于不再害怕

陈乐涵

"跳！快跳呀！怕什么？"

同学们一个个紧皱着眉头，脸颊鼓得通红，不知是因被这天冻的，还是为我急得，他们的声音在两栋楼之间荡来荡去……

或许是天生怕那拧得如长蛇般的绳子，每当我看到它飞一样地被甩起时，心中就不免觉得恶心和害怕。

"跳吧！快跳吧！没什么好怕的！"差不多每次轮到我，同学们都会这样对我说。我是多么的无助，每次我都细心地在一旁观察着同学们是如何跳的：他们先抖个几下，然后便团起身子，从绳中穿梭出来，他们的头发在空中好看地甩着。多酷！我在心里美滋滋地想着，想着我将那恶心的绳子制服了的样子，让它灰心丧气地看着我穿过它，没被它抽到。"喂！小陈到你了！"我才看见那绳子在那狰狞地跳着，顿时我傻了眼，呆呆地望着望着，不知站了多久。"没什么好怕的！快跳！"同学们又铆足了劲儿鼓励我。我想起了其他同学跳长绳的样子，学着他们将身子抖了几下，正当我迈开脚要跳进去时又缩了回来，"我不要，我不会。"我在心里这样喊着。"可以的！可以的！"同学们却在一旁叫着。我又试了试抖动了几下身子，学着他们将身子团起，"咦？我过来了？"我有些兴奋，又有些不解。"咦？怎么过来的？"这时我才发现我是团着身子钻出来的。为什么？为什么？我明明和他们做得差不多，却……却不是跳出来的？泪水蒙住了我的双眼。

"没事的！再来！你会钻我们还不会呢！还要向你请教呢！"同学们的话语使我重新拾起勇气。

"注意！你要斜着跑进去……"小A叮嘱我。

"好的！注意抬脚！好的！"大家鼓励我。

操场上涌起掌声，"我会了！我会了！"我开心地和他们拥抱，眼睛又模糊了……

每当我想起那一声声的鼓励，我是多么感谢他们。我终于不再害怕长绳了！

走一步，再走一步

张安易

去年暑假，妈妈为我报了个声乐班，那里可谓人才济济。我以前没练过声乐，担心别人的冷嘲热讽我会受不了。不过，如果我能一步步地慢慢走，我相信我一定会成功的。

直到那一天我遇到我的启蒙老师——黄老师。他是一个细心并且很有耐心的老师。那一天他对我说："安易，没有关系，我以前还没你唱得好呢！走出这一步试试，现在的第一步还没勇气迈出去，怎么唱好？"听取老师的建议，我决定先把眼前的第一步迈出去，再去展望新的一步。

每天我都在认真练习，我相信一定会有回报。

黄老师要我练声音的凝聚力，所以练声很重要。"a"字母是最难发音的，凝聚力是有，但缺少了很多力量。

为了让我练习腹部的力量，黄老师特意把第二节课安排在花丛中。

初夏时分，那里的花朵竞相开放，蝴蝶、蜜蜂，还有一些不知道的小虫子，在花丛中飞来飞去，大树茂密成荫，遮住了一部分池塘，花朵仿佛还有盛开时欢笑的声音，散发着夏的气息，这一切都让我心旷神怡。

黄老师紧紧地抓住我的手，说："你把眼前的花看成大海，吸好气，用力喊一声'a'。""a——a"我自己被我发出的"a"音震住了。看着黄老师那双满是温柔的眼睛，我知道，我的第一步稳稳地为我学习声乐打下了基础。第一步，我走成功了。

"音练好了，歌也要唱好，你有信心吗？"黄老师说。"当然！"我也笑道。"就这首《雪绒花》作为你的练声曲，其中'a'母音很多喔！"他唱一句，我也跟着唱一句，黄老师教的我全部都用上，声音也特别有力。"停！"黄老师的声音打落下来，"这是《雪绒花》，要慢一点儿，柔一点儿，不要那么用劲。再来一次。"一段前奏，让我感到雪绒花的美，仿佛自己也变成了小精灵，与雪绒花一同嬉戏；后来，我仿佛变成了雪绒花，在空中飘舞。"很好。"黄老师说，"看来你已经开始走对路子了，这又是一次进步，很棒。"

是啊！走一步，再走一步，直到自己的理想成真，最后的收获是满筐的成功。黄老师，谢谢你，我一定会一步步努力地走下去。

一碗冷饭

王文君

　　冬天天黑得很早。下了校车，一阵寒风溜进衣领里，使我不禁打了个寒战。我缩着脑袋顶着风往前走，风疾速地吹过，在耳边响起呼呼的声音。

　　累了一天，心情压抑得很，回想着白天和同学拌嘴，心里更不是滋味儿。抬头望天，天上是大朵大朵铅灰色的厚厚的云，他们仿佛是被细丝系在天上似的，风一吹就能掉下来砸在我身上。道旁树的叶子已经掉了许多，露出光秃秃的枝丫，长长短短的交错在一起，乱糟糟的。路牙边的落叶被环卫工扫起来堆得高高的，一脚踩下去发出清脆的响声，听得耳朵痒痒的。我叹了口气，用手搓了搓冻得僵硬的脸，哈了口热气继续往前走。

　　进了小区，好远就看到家里亮着微黄的灯光。一进家门，妈妈就迎了上来，皱着眉头说："今天怎么回来晚了？饭都冷了。"说着帮我拿下了书包。我低头没说话，看看桌上的饭菜，早已不冒热气。妈妈理了理我的刘海儿，温暖的手指触到我冰凉的脑门儿，心里暖暖的。我坐下捧起饭碗，碗冰凉凉的。我看了看身边的妈妈，她正低头帮我从书包里拿水杯。她蓬松的马尾垂下来挡住了她的脸，发梢干枯枯的，让我联想到冬天路边的荒草，我的心里忽然觉得酸酸的。

我捧起碗吃了一口饭，那米粒硬硬的，凉凉的，咀嚼几下后，口腔里便充满了大米清甜的味道。忽然，我脑海里浮现出一幅画面，那画面里有一位焦急的母亲，眼看着盛好的热饭一点点冷掉，便不断朝窗外望去，等待着那个熟悉的身影。想到这儿，口中的冷饭似乎慢慢恢复了温度，直暖到心里。"啧啧，这大冬天的吃冷饭哪吃得消？快去热热。"妈妈熟悉的唠叨声又在耳边响起，换做平常，我必定嫌烦，可现在听得心里怪舒服的。我站起来准备去热饭，再次捧起碗时，那一碗冷饭已经变得沉甸甸的。

家里家外，虽然只隔了一堵墙，但温度就是不一样。不论家外有多冷，家里始终是暖的。那些温暖总爱藏在你不经意的地方，或是一对紧锁的眉间，或是一碗已经冷了的饭里……

窗　口

罗　倩

一大清早赶到学校，尽职的组长便催着交作业。

我才想起来我还有几道数学题不会写。唉，什么事都先别干，赶紧一头扎进数学题里。可是，这几道数学题对我来说太难了。我几乎想把出题人说一顿。我素来以"数学白痴"自称，对于这样的题目，只能"望题兴叹"了。我把图看了几遍，依然找不到突破口。我放弃了，把视线投向她，问她吧！她一定会做，她的数学在我们班不错。

正要起身，想到平时都没有与她说过话，这样去问她会不会太冒昧。想着又坐了下来，可是，不问吧，马上就要交了，于是我还是决定去问她。

我走到她的旁边，她还在埋头苦干。我很知趣，只静静地站着，好不容易等她做完一题，她抬头看见了我，惊讶地问："你一直都在这儿吗？"我不好意思地点点头。

她说："你再等一小会儿，就一小会儿，让我把这题做完好吗？"我点点头。她说谢谢。当她又把头埋进题海时，不知怎么，我觉得她是不想帮我，于是我又回到了自己的座位上，对着题目发呆。忽然，不知是谁将我的作业本拿走了，我正要发火，抬头便看见了她一脸的认真，心里有些过意不去。她坐在我旁边，边做辅助线，边帮我讲解。她讲完后，问我会了吗？我有些不好意思，愣在那里。见我不说话，她挠挠头说："那我再找别的办法吧。"她又想了一会儿，用详细的语言继续帮我讲解那道题……

原来在"心墙"上会有一个需要我们打开的窗户啊！

凡人小事

施林烨

窗外的雨很大。

我坐在床头拉开窗帘，望着雨珠在阳台的栏杆上轻盈地跳跃，发出叮叮咚咚的声音，心中不免又多了一分未带伞回宿舍的悔恨……

没有橱窗的庇护，通往教室的路显得漫长而坎坷。班长撑着伞出现了，可并不能同时容纳四个人一起走，顶多三个人才能勉勉强强凑合防雨，我与小海相互谦让，谁也不愿意占这个便宜。

正当我们踌躇万分时，一个小黑点正向我们靠近……

"你们谁要和我撑同一把伞？"脆如银铃般的稚气声音让我猛的一惊，低下了头，四目相对，即便是寒风也不再刺骨了。我不禁对这个素未谋面的小女孩儿泛起喜爱。

我宠溺地笑了笑，摸摸她乌黑的头发说："我和你一起！"我接过她双手捧着的伞，搭着她的肩，慢慢地，不想让她淋到一滴雨水。

小海也来了，她扶着女孩儿，我尽力护她周全……

一路上，她和我们诉说着在家里发生的关于这把黑伞的事情："妈妈昨天就要我带伞了，可是我没带，今天早上起来才想起来把它装到书包里的……"她边说着边抬起她那双乌黑水灵的大眼睛左转转右转转，时而又俯下身子看着班长她们，看着这不安分的小东西，竟怀念起小时候的我，然而我也记不大清了，或许是太小又或许是小时候不温不火的性格并没有留下什么精彩。

我们唠起嗑来……

不知不觉到了楼下，我把伞交到她手上，由于已经很晚，便没来得及嘱咐她什么就匆匆而去……

回到教室忙完手头上的事，坐在座位边才想起所做欠妥，迷糊中依稀记得小三（3）班的字样，我转头凝视，雨小了……

我分了神，回忆起某天中午，教学楼下，似乎也有这样童稚的身影，乌黑的马尾，平顺柔滑。她在做什么呢？她们在活动。只见她一蹦一跳地向一个怯生生的小男孩儿走去，给他递了一根跳绳，男孩儿笑了，她也笑了。那是她吗？不确定，但又很肯定。我回过神来。

窗外，细雨迷蒙，像挂着的密密的帘子，传来琅琅的读书声，"她"们在读书……

一杯热茶，一段时光

快乐去哪儿了

赵嘉欣

开学第一天，便是一场大雪。

清晨醒来，张开眼，瞥见窗棂与墙壁上斜映的银光，转眼望向窗外。呀！下雪了！我一下来了精神，感觉身边一切都在向我微笑。兴冲冲地到阳台，满眼都是雪。鹅毛大的雪花仍在疏懒地从空中飘向大地。屋顶上洁白无瑕；松枝上载满了雪，松叶上的雪也是星星点点的；小桥托起积雪，只有正中有串歪歪扭扭的脚印，甚至桥墩间的索链也成了银白色。

心情自是格外舒畅，便一心想着打雪仗了。

同学们也一个个兴高采烈，就像过年。南方的孩子最珍惜雪，一到冬天便盼着下雪。可天空有时高兴了，便满足一两次孩子的痴想；有时不高兴了，便只留下一个干涩的冬天。

终于迎来了课间，大家全都迫不及待地往雪地里跑。谁知落在最后的我却被老师告知："提醒他们，学校规定的，千万不能打雪仗呀！"宛如晴天霹雳，我一下子蔫了下去。追上前面同学的脚步时，他们已经"开打"了。雪球你来我往，双手被冻得通红，有人甚至摔了一跤，但笑容一直挂在脸上，快乐始终弥漫在空气中。我不好意思地转告了老师的话，他们猛的一震，脸上写满了失望。正巧走来了一位巡查老师，便将他们圈起来，厉声批评……

心里很是不平，现如今，怎么连打雪仗都不允许呢？最质朴的游戏，也应该被制止吗？一颗活泼快乐的心，难道注定要被抹杀？

回到班上，看见一群埋头写作业的同学，突然为他们可怜。他们一定也有一颗活泼的心的，可现在却被藏了起来。大家应有的快乐，都去哪儿了？

轻轻推开那扇门

余楚楚

"嘭！嘭！嘭！——哐！哐！哐！""开门！开门！"教室外的同学焦躁地拍着门，手拍累了便索性抬起了脚，左一脚，右一脚。可怜那扇门浑身震颤，门上的玻璃也跟着抖动，好像随时都会散架。

小A刚刚起身准备去开门，只听到连续的"咚——咚"两声，外面的人一个飞腿，门被踹开了。门锁重重地砸在后面的墙上，几缕墙灰随之飘落。小A被吓了一跳，闪在一边。

"叫你们不开门！"那位脚力甚大的同学一边骂骂咧咧，一边做着李小龙的姿势，向身后同学炫耀。

再看门上挂着的"文明班级"四字锦旗，被震得歪在一边，在寒风中飘摇。锦旗下面的门板上，一个灰色的脚印格外醒目。

没过几天，"文明班级"的小旗被收走了。这扇门也彻底沦为了一些人"练功"的道具，成了另一些人下课追逐打闹的"玩具"。有一天，它不知被哪位功力高深的同学踹了个大窟窿。班主任厉声查问，竟是无人应声，最后气呼呼地离开了。一会儿，木匠师傅来了，看了看，一边叹气，一边给门打上"补丁"，因为颜色不同，那个"补丁"显得格外扎眼。我注意到其他班的同学和老师，经过我们班教室时总会有意无意地多看一眼我们班的门，然后摇着头快步走开。

　　这扇门的凄惨遭遇尚未结束。一个冬天的早晨，天气格外寒冷。我刚进教室，就看到几位同学聚在一起在议论着什么。原来门上的玻璃破了，准确地说是被人砸破了。案发现场被保护得很好，门里面地上一地碎玻璃，小半截砖滚落在不远处的地上。同学们议论纷纷，有人言之凿凿地说肯定是学校外面马路上的小混混干的，有人说可能是隔壁班谁谁谁干的……总之众说纷纭，莫衷一是。

　　因为太早，维修师傅还没上班，玻璃一时间没法更换。上课了，歪斜的门锁勉强还能把门锁上，但是缺了玻璃的那块地方，就没办法遮挡了，全班束手无策。一股股寒风拼命地往教室里灌，全班同学都被吹得缩着脖子，直打哆嗦。上课的老师不知道是因为讲课太投入还是其他原因，压根儿没觉察到同学们的苦难！就这样，在一片哀号、抱怨和咒骂中过了两节课。维修师傅终于来了，但很快他又走

一杯热茶，一段时光

了，说目前没有适合的玻璃，要让我们等两天。同学们听了个个都傻眼了。然后又是一片哀号、抱怨和咒骂。

中午，小A找来了一块硬纸板，想挡住门洞，但不好固定。这时，有人拿出了一卷胶带纸，还有人拿出了订书器，几个人七手八脚，终于把纸板粘在了门上。尽管还是有些漏风，但总比没有遮挡要强多了。在一片赞叹声中，大家平安度过了一个下午。

第二天，有人不知从哪里带来了一块玻璃，当他小心翼翼地从书包里拿出来的时候，大家都惊呆了。有人很快去找来了维修师傅。叮叮当当，玻璃安好了，大小刚好，稳当又明亮。

我注意到，接下来几天值日的同学在擦这块玻璃的时候，格外小心。又过了几天，维修师傅找了块颜色一样的门板，替换掉了原来的那块"补丁"，大家围着看了又看，然后一阵惊叹——看不出来了！以后，大家在开门关门的时候似乎都格外小心，生怕把门和玻璃给震坏了。

"咚！咚！""来了！别急！"里面的同学小跑着向门去，外面的同学也没了先前的焦躁，只是静静等待。门开了，相视一笑。

又过了几天，那把摇晃的门锁也被换成新的了，原本塞门缝的那沓旧报纸也光荣下岗了。

又过了几天，"文明班级"的小红旗又重新挂到我们班门上了，你瞧，它这会儿正迎风飘扬呢！

球

赵嘉祺

今天我心情很不好。为什么呢？对，就是上次那个暑假与我一起去海边的父亲同事家的小胖子，他过来了，据说是父母有事，要我"看"着他。

好吧，看就看，我可是二十一世纪大好青年，绝不退缩！但事实上，当我看到他的瞬间，我就"怂"了——小胖子球一样的身材堵在门口，小黑豆般的眼睛熠熠发光，肥厚的手掌里托着特大号薯片。许久未见，怎么胖成了这样？也许当时是温柔的大海帮忙掩掉了小胖子的身材。噢，我的上帝，我家零食不多，饶我和我的零食一命吧！要知道，他再胖下去，就是大地也容忍不了他的重量了。

这个小胖子——姑且叫他小胖吧——挤进我家，一脸"我跟你很熟"的笑容，用他变声时期沙哑的声音说："好久不见啊，你胖了好多哦！"我很无语，虽说人无自

一杯热茶，一段时光

知之明，可你，似乎太过分了点儿。我没好气地引他进大厅，我以我的人格保证我脸上一定是嫌弃的神色。

他忽然用一种极尽谄媚极尽甜腻的语调说："老友多年未相见，可有酒席相待？"你个家伙！想要吃东西直说！别磨磨蹭蹭的！我一边吐槽着，一边摸来手边一物，道："礼物在此，酒席没门！"他一看，是个红白相间的球："什么意思？"我思索了一下，房间里寂静一片。"嗯！……我说什么你做什么，然后我就告诉你。"他满口答应。"首先，抱膝蹲下。"我余光瞄他，"头埋到双膝之间……身体前倾。好，保持……"见小胖没注意我，我猛地一踹他"圆满"的屁股。小胖一时蹲不稳，结结实实地打了个滚。"现在知道了吧？就是指你胖得和球一样。"小胖很生气，一张白白胖胖的脸扭曲着，但也无奈，不能把我如何，于是一言不发，从兜里掏出一根针。我吓了一大跳，连忙声泪俱下地握住他拿针的手，道："小胖，千万别想不开，人活着就是一大幸事……"

小胖莫名其妙地看我，抬手用针刺破了球，把一张"球皮"拿到我跟前，说："总有一天我会这么瘦的。"我一愣，才知自己会错了意，不过还是条件反射地嘲笑："那还得有那根'针'才行啊！"他认真地说："总有一天会有的，一定会的。"那一瞬间我真被震住了，为小胖子那属于胖子的力量。"加油吧！"当时，我破天荒地鼓励道。

也不知现在小胖子的"戳球"计划如何了，是成功还是没成功。反正，只要下次他来，我还是会精神满满地"嘲笑"他的。

我的同学余彦康

陈宇涵

余彦康同志，高大，壮实，帅气，是一"头"人见人爱的"高脯帅"，"脯"指肉的意思，表示强壮有力，搞不清楚这一头"高脯帅"是不是很富，即使富，也比不上他的神力光环更加耀眼。余彦康这个名字倒是和"鱼汤"很是谐音。

"鱼汤"的头发像一簇乌黑发亮的水藻，长长的，摸上去十分蓬松柔软，如一簇水藻在水中飘忽摇摆。但"鱼汤"是陆生动物，所以他的头发丧失了一个展现自我的机会，只保留了水藻的触感。但它们并不像水藻那样纠杂不堪，而是十分整齐地半趴在他的头顶，维持着它们"两边短，中间长"的阵营，酷酷地为"鱼汤"当着绿叶的戏份。

"鱼汤"的脸其实挺白皙的，就像嫩白多汁的鲜鱼肉一样，只是这是一种爆椒鱼头，在鱼肉上排列有序地洒下了一些红色的花椒，这就是"鱼汤"的青春痘来了。加不加花椒对于鱼肉来说十分重要，不加的话就平淡无奇，加的话则鲜嫩爽口，青春痘和他那一身壮硕的肌肉将一个面如冠玉、文弱无力的白面书生武装成了一个活力飞扬、青春自在的热血少年。

"鱼汤"脸上最有意思的部件莫过于他灵动的眉毛和眼睛了。两个欢乐分子不动也就罢了，它们要是一动，"鱼汤"的味道又得添油加醋了。

两道眉毛完成两座赵州桥，向中间皱起，眉心处便形成了一个深深的"川"字的丘壑；双眼被挤得只得眯起来，变得弯弯细细，颜色是深邃的墨黑。再加上他嘴里蹦出的有磁性的笑声，显得十分开心。如果他的嘴巴咧开，脑袋向一边扭过去，就神似"暴走漫画"上留名千古的"姚明的笑脸"了。

眉毛像拉弯的两把弓，靠眉心的一端向上翘起，两条眉毛像孩童顽皮的小手在额头上方挤出一团褶皱，活过来一样快活地上下挑动着；两只大眼睛饱含着亮光贼溜溜地在眼眶里转悠着；嘴角勾起一丝若有若无的贼笑。不用说，这个时候的"鱼汤"又在酝酿什么坏点子了……

喜怒哀乐乃人之常情，鹤发童颜的白须老僧也不是没有生气的时候，更别说爆椒的"鱼汤"了。两道浓黑细长的眉毛如武士的长剑一般微微上刺，在眉头处显现了一个王字的刻痕；一对虎目怒目圆睁，锐利的亮光在眼中如剑拔弩张；高鼻梁上也有一条条细微的竖直折痕；脸部微微倾斜，双唇微抿，这是"鱼汤"被惹急了的表现，不过还是警告恐吓。要是再有什么出格的举动，这位壮士便会"磨刀霍霍向猪羊"了。

"鱼汤"基本没有难过的时候，他是一个乐观向上的好孩子。

他脸上最神秘的部件就是他的嘴巴。这个由两片嘴唇、两排牙齿、一条舌头组成的奇妙玩意儿，有着令人叹为观止的超能力。当他念古文的时候，嘴巴化身为机关枪，把一大段冗长的文字在极短的时间内射出声带。此乃闻名遐迩的"余氏背书法"，快刀斩乱麻的代名词。而当他唱起那《卷珠帘》时，又可以将声音拖得老长。

"鱼汤"身上最吓人的部件就是那武装了一身的肌肉，臂膀上最粗的部分，我两只手才堪堪握住，也不晓得是怎么练成的。这些肌肉可以让他变成一台迫击炮，在打雪仗中大显神威。腿部肌肉更不要说，可以将可怜的足球一脚踹出半个操场才落地。

余彦康——鱼汤，真是一位"高脯帅"啊。

我眼中的陈老师

顾袁超

我们班的数学老师陈老师虽然年纪不小了，但她头脑灵活清醒，"十八般武艺"样样精通，我们对她非常敬佩。

老师最让我们敬佩的一个绝技就是单手画圆。上课画图时，只见老师用两根手指夹住粉笔，一指按在黑板上做圆心，接下来老师的手腕那么一转，一个近乎完美的圆就画出来了。这个动作如行云流水，一气呵成，观者无不惊叹。

我也曾试图学会此招，怎奈我把身子都扭了一圈也愣是没转出个完完整整的圆。方知老师练这一招也是下了功夫的。老师的这些绝技让她的课堂更富有生气，也让我们开了眼界。

老师的课上大家都听得十分认真，老师不擅长使用课

件，但每节课都会在黑板上写板书，老师的板书整整齐齐
一目了然，重点难点都用各种不同颜色的粉笔标了出来。
看了板书，艰涩的内容变得清晰，印在脑海中久久不会忘
记。

陈老师还擅长制作一些蕴含数学思想的艺术作品，
数学课上冷不丁一展示，全班无不啧啧称奇，人人叹为观
止，这也大大增强了我们对数学的兴趣。陈老师就这样带
着我们遨游在神奇的数学世界中。

除了关注我们的数学，陈老师对我们在日常学习中的
小细节也十分留心。

一日课间，我正闷头写作文，不知不觉陈老师走到我
身边。当我发现时，她对我微微笑了一下，我没太在意，
后来老师在和我妈妈的交流中，直夸我的作文好，我才想
起有这么一回事。有时老师也会在作业后面附上几句话，
有时是表扬我写得好，有时则是指出我作业中的缺陷和问
题。陈老师曾多次提醒我要把字写好，有时上晚自习，陈
老师也总会笑着提醒我："可要把字练好呦！"在陈老师
的督促下，我的字大有长进。

有一次，老师当我妈妈面夸我有礼貌。我很奇怪，心
想我也没做什么呀，老师怎么会突然说我有礼貌呢？我后
来去问老师，老师笑着对我说："因为每次下课喊'老师
再见'的时候，你喊得最响啊！"我听了一惊，感动之余
也敬佩不已：这么小的细节，老师竟然都观察到了！

老师的细心敬业和她强大的人格魅力让我们全班同学都对她无比爱戴。也许再过一两年我们都将离开陈老师，离开我们热爱的学校，但是，陈老师的谆谆教诲我们一定会铭记于心。

心里美滋滋

徐玲玲

正值冬日。整座城"十面霾伏"。

闷，空气稀薄，压得人喘不过气来。清冷的寒风肆虐着。他逼迫着你，威胁着你。拼了命地钻进你的衣领、袖口、裤脚。路上行人步伐匆匆，似乎每人都有天大的急事。

明明如此喧嚣的城市却似是一座死城，静得可怕。

唯一能带来安慰的，便是圣诞的来临吧。

可即便如此，在圣诞的当天一早，便要迎来一场语文考试，也不免兴致缺缺。大家都埋头复习，一点儿圣诞的踪迹都找不到。

从语文考试的魔爪中挣脱出来后，便想去洗洗手，去掉一身的"晦气"。回来时，竟看到座位上有一个宝蓝色的袋子。应该是传说中的圣诞礼物吧。正想打开看看，上课铃却不应景地响了。

好不容易熬到了下课，一边迫不及待地打开了袋子，一边还在猜测是谁送的。是很简单的几样东西：一盒许愿星，几本书。

没有发现署名。却发现东西上有几张便签。星星上贴着"星星是之前折的，不要介意"。另外几本书上贴着"借你的书虫（共三本）"此时明白了送礼者是谁。还有一本书的便签，写了一段话，是对她送我的书的"自荐"。她说书不是新的，但也有八成新。还跟我说"买不了吃亏，买不了上当"。不觉笑了出来。

这张便签上有好几处写错了，直接划掉重写的。最后告诉我，不敢用修正带。不知为何，读到这儿，我眼里润湿了。心头萦绕着淡淡的感动！却又不觉想到，她本身便是这样的人啊，这般真诚，这般朴实，甚至这般可爱！

顿时心中暖暖的。这礼物，真的不华丽。但这份心意，真的使人感动。此时的我，回忆发生在昨天的事，仍红了眼眶。可以说，这份礼物是千里送鹅毛——礼轻情意重。不，不！怎能说是一份轻礼呢？如此珍贵的礼，如此珍贵的情！

澄，水清定也，如晴朗无云之天空，澄澈明洁，心澄体静。这是你的澄，这般清。

玲珑，玉声也，清脆盈耳，明亮而美好。这是我的玲，这般脆。

　　不知是你的水荡着我的铃，抑或是我的铃漾着你的水，发出这般悦耳的天籁……

　　其实快乐从来就不是要获得多少，只要放飞自己的内心，懂得满足，那股美滋滋的味道便会萦绕心间。

有一种美丽

吴嘉强

雨露是美丽的，因为它如丝如缕，滋润万物；阳光是美丽的，因为它光芒四射，灿烂辉煌；黄昏是美丽的，因为它红光满天，金色满地……然而，有一种美丽比雨露更甘甜，比阳光更辉煌，比黄昏更精妙绝伦。

新的一天已经开始了，带着心中的梦想，走进美丽的校园。

瞧，校门口，"红领巾"背着书包，哼着歌，踏着"朝阳"走来了。老师们面带着微笑走向校园。

"老师，早上好！"

"同学们，早上好！"

这短短的亲切的问候语，使操场更加温暖，空气也变得新鲜了。

课间，同学们有的谈笑风生，有的在专心致志地看书，也有互相讨论的……

"我的水笔用完了，怎么办？"同学焦急地说。

悄悄地，一位同学将他的一支水笔递了过来。

"谢谢！"

"不客气！"

"丁零零"，下课了。"啪"的一声，一位同学的书本掉了下来。"哦，对不起。我来帮你吧！"又是一个微笑的传递。

操场上，人声沸腾，一位同学摔倒了，旁边一位同学看见了，立即跑过去搀扶，"你没事吧？""我没事，谢谢！"

一个会心的微笑，一个微不足道的举动，一句关切的问候……都是同学之间友谊的升华，师生之间情感的积累，人间情爱的精华，它是一种不可替代的美，正因为短暂，才使人怀念；正因为真，才会感觉很美。

午后的暖阳

窗　外

范　鹏

　　书桌正前方是一扇明亮的窗户，在我看来，它把这个世界分成了两个地方，里边的世界和外边的世界。当我寂寞时，总是无比向往着外边的美好世界。

　　那是一个夜晚，我写作业写得精疲力竭，但还有不少没有完成，我抬起头，望向窗外，在室内灯光的照耀下，外面世界的一隅，被我觉察到有一个小生命，正尝试进入我的屋内。这是一只小小的蛾，就在我的窗外，它真的很小，但身上的花纹却是那么的精致，黑色的条纹，白色的斑点，在灯光的照耀下，像极了一个身穿睡袍的小天使。大概是我的窗子太干净了。这个小家伙尝试悄悄地越过这两个世界的边界，但却被我发现了，这个从窗外过来的"偷渡客"，是不是外边世界派来的小小信使？这么晚了，它不想回家吗？它就是这么的执着，一次一次的，尝试突破着牢不可破的边界，但一次次无功而返，这样做值得吗？

终于，它停了下来，伏在窗户上，我走近点儿去与它交谈，这是一次奇妙的谈话，仅仅只有一窗之隔，我们，却在两个不同的世界，它在窗外，我在里边。它看上去真的累了，一动不动，它在干什么呢？它也在寻找一个地方，温暖舒适，在寻找一个属于它的小小世界，叫作"家"吗？也许在这只小小的蛾的想法中，它在它的世界中，而我小小的家，才是被水泥森林挡起来的外边。

门外，我听见了开锁的声音，父母从外边的世界回来了，我的小客人，也许也意识到天色已晚，轻轻地扑扇着翅膀，飞走了。窗外又是一片黑暗，十分宁静，我又提起了笔。仿佛刚才什么也没有发生过。

故乡的海鲜

仲启林

　　我的故乡是连云港，是个海滨城市，自然少不了美味的海鲜。

　　要说起我的最爱，那自然是海虾了。海虾出水后大多死了，但味道却一点儿也不会差。海虾的烹制也是极其简单，倒入清水，放些葱姜，略放点盐，沸腾了，虾身变红，就可以出锅了。吃时倒上醋，切些姜末儿。小心翼翼地夹起一只大虾，当然你也可以直接用手拿，这样吃起来更痛快些。先将虾壳打开一点儿，从开口处轻轻一吸，鲜味浓浓的汁水便溢满口腔，更绝的是虾黄被吸入口内，此美味的享受至今无法用语言去述说，但我这嘴呀可是最清楚的了。然后再吃尾部的肉，肉质很紧，颇有弹性，蘸上一点儿醋，别有风味。南京菜场卖的活虾一般是河虾，个头较小，虽是活的，肉却松松的，一点儿也不好吃，若是死掉的，那肉质更似粉末，与故乡的海虾真是不能比的。

如果十月回家，一到街上，就充溢着海蟹的味道。刚买回来的蟹，嘴中吐着泡泡，发出奇怪的声音，爪子是一刻不停地四处抓挠。有意思的是煮蟹。蟹是要活着下锅的，所以需有人在旁扶着锅，不然锅里的蟹被蒸得难受了，八条腿一用力，没准把锅盖掀翻。热气升腾起来，锅里挣扎的声音渐渐没有了。这扶锅的重任一般是我担当的，每次回老家总能体验蟹们惊心动魄的生死挣扎。

待香气随着蒸汽飘逸整个厨房，蟹也就蒸好了。照例用姜末儿拌醋。迫不及待拎出一只红彤彤的大蟹，"啪"的一声打开蟹壳，一股热气带着香气冒了出来，美味的蟹黄便呈现在眼前。蟹肉特别肥美，比河蟹要多得多的。吃完一只，少不得吮一吮指头上残留的汁水。不就是个蟹嘛，有什么好吃的呢。到了连云港，尝了你就知道了。蘸着姜末儿，吃得特别爽！这种蟹因为蟹壳像梭子，美其名曰梭子蟹，比淡水中生长的螃蟹要大得多。

夏季随母亲回到故乡，清晨五六点钟，看着海面银白色的亮光渐渐镀上金色，听着浪潮不厌其烦地一遍遍退去又扑上海岸的声音，嗅着淡淡的海风的气息，别提有多惬意。当然，海面上一个又一个渔船，是最让我遐想的，每只船舱定会有跳跃的海虾，吐着白沫的梭子蟹……

海潮的梦想

杨思怡

> 海潮的梦想便是我的梦想，我将带着这份梦
> 想，找到属于我的海岸。
>
> ——题记

童年的记忆似七彩罐头，装满了酸甜苦辣。随着时间的推移，这小小的罐头终将化身成漂流瓶，承载着我幼时的梦，向大海深处航行，扬起一片风帆，那是我的方向。

蓦然回首，那记忆如同一卷完好的胶片，倏地在眼前呈现出一张张清晰的画面。忆起那年的夏天，我实现了人生的第一个梦——看海。

我迈着轻快的步伐，小心翼翼地走在用阳光编织的金色沙滩上，一步一个脚印儿。浪花拍打着海岸，调皮地蠕动着身躯。不时有两只海鸥飞过，洁白的翅膀，在蓝天上

自由地翱翔。

父亲走近我，亲切地问："你知道海潮的梦想吗？"

"什么？海潮的梦想？"我惊奇地望着他。

"是啊。海潮的梦想。"父亲舒展开皱纹，轻轻地笑了。

"爸爸你快说，海潮有什么梦想呀？"我迫不及待地想知道答案，扯着父亲的衣角问道。

"呵呵。海潮就像一位平凡而又朴实的人，他希望带给别人心灵的慰藉，带给世界美好的声音，更想带给所有的生物一片希望——来源于心底的希望。"父亲望着海潮，意味深长地说道。

"可我还是不懂，海潮没有为自己而存在的梦想吗？"

"或许没有，他总是不求回报地付出，默默无闻，不要求任何人给予他什么。他的内心比石块更坚强，却又比海绵更柔软。"

我细细聆听着父亲的解释，海潮似乎也赞同似的，卖力地拍打着海岸，使出浑身解数激起阵阵喜悦的浪花。

海无声无息，涌入了我心底。我默许下一个梦想：我要成为像海潮一样的人，努力让身边的人因我而幸福。

海依旧奔腾不息地涌动着。夕阳的余晖洒下橘黄色的光芒，映照着蓝色的海。波光粼粼的海面上，漂流瓶正漂向前方。我拖着长长的背影，离开了海，梦想却从未远离。或许不会再有这么多似海潮般的人群，但我依旧赞美海，赞美他无私的精神！

午后的暖阳

家乡的色彩

李家一

　　看一看吧，我亲爱的家乡！她是多么的五彩缤纷，好比一幅美丽的油彩画，每一种颜色都在叙述着一个故事，而我也是这故事中的人物之一。

　　我的家乡只是一座普通的小县城，它既没有大都市的高楼林立，车水马龙，也不具备古城的悠久历史和源远流长的文化……总之，我的家乡既不古老，也不发达，但它绝不是一个毫无特点的地方，这儿的人们，这儿的风景，都是一种色彩。

　　每逢重要节日，街上总是热闹非凡，人们都会出来，共同欢度快乐的时刻。这儿的人们对新鲜热闹的事情有种天生的喜爱之情。尤其是春节，商场集市热闹非凡，人们挨家挨户地走亲访友，商人们此时也十分忙碌。人们在空闲之余也忙着参加文艺活动、娱乐活动。所有的人都忙得不亦乐乎。每家每户都贴上红火彤彤的春联和年画，小日子忙得红红火火，不知不觉你会沉浸在这种红火喜庆的气氛之中。

　　看完了县城色彩，再去感受一下乡村的情调吧。这里是世界上环境最好的地方之一，没有污染，没有工厂和繁忙的交通。这儿是一片明净的天地，色彩简单，却给人一种舒畅的美。

　　放眼望去，最多的自然是田野。金色的稻田，碧绿的菜田，还有那一条条纵横交错的田间小路，以及一条条水沟、一汪汪水塘，将广袤的天地分割成整齐规则的一块块，像硕大的棋盘。置身其中，你会感到自己的渺小。走近农田，你会发现各种农作物整齐地生长着，不远处，还有辛勤劳作的农民，正埋头苦干，是他们弯曲的后背撑起了一片蓝天，他们笨重的犁铧使土地变得厚实。田野四周还有一些农家庄台，像一颗颗棋子分布在这绿色的大棋盘上。

　　家乡不是大都市，没有那遮天蔽日的工业烟尘和令人窒息的汽车尾气，家乡拥有湛蓝的天空，洁白的云朵悠闲地飘着，时不时，一群群鸟儿自由自在地享受着这安宁美好的环境。

　　每道风景也是家乡独特的色彩。家乡是多彩的，他需要我们用勤劳为她增添色彩，我爱家乡的色彩！我更爱多彩的家乡！

让心灵去远行

张书博

盼啊！盼啊！终于迎来十一长假，我和几个同学约好一起去大阳山森林公园。

一下车，我们就像刚出笼的小鸟似的飞到了大门口，哇！好美！绿树成荫，阳光明媚，扑面而来的是一种清新的大自然气息，仿佛回归了田园生活。

公园里一排排的大树整齐排列，给人和谐的美感，看到公园当中那高耸入云的大山，我们互相对望了一眼，大喊了一声："冲！"便只顾往山上奔去，可这种激情并没有持续多久，刚爬了一百级，便瘫在地上叫苦连天了，不知道谁吼了一句："红军不怕远征难，万水千山只等闲！"一下子又激发了我们的斗志，我们一口气爬到了一个叫"半山亭"的地方，坐在亭子里往下看，蜿蜒曲折的公路包围着整座山，一切看起来都是那么渺小，不自觉地产生了一种自豪感，凉爽的秋风轻轻地拂过脸颊，拂过发梢，带动着大自然的声音萦绕在耳畔，一阵微风吹过，带走了所有的压力与负担，整个人都轻飘飘的，卸下了一身束缚，轻装上阵，不费吹灰之力便来到一座寺庙里，我们逐一真诚地跪在佛祖面前，许下自己心里最真挚的愿望。寺庙里有一个后院，我们坐在后院的大树下憩息，有一条小黑狗朝我们奔来，他对我们摇着尾巴，仿佛在说："我们交个朋友吧！"我们把自己包里的好吃的都拿出来，一口一口地喂它吃，和它嬉戏了很久，起身想走，没想到它却跟来了，真是可爱呢！

再往上爬，有一个露天阳台，我们站在上面，对着大山大声地咆哮，这一刻，仿佛整个世界只有我们存在。

"马上到山顶了！"我们早已按捺不住的兴奋在这一刻终于爆发了，我们爽朗的笑声包围着整座山。

山顶的风景真是美极了，头上顶着一望无际的天空，脚下踩着巍然屹立的大山，这一刻觉得自己是那么的高大，伸长胳膊，仿佛要抓到太阳了，一跺脚，仿佛大山都在震动。这种情趣，恐怕只有身临其境才能体会到吧。

下山后，我们见到一个人就向他们炫耀我们刚刚爬到了山顶，那心情，比中了彩票还要开心。

乐趣、自然、生态、健康与奇特融为一体，这就是大阳山国家森林公园。

午后的暖阳

≪≪≪

日 照 的 海

李惜笑

　　蓝蓝的天，蓝蓝的海，空气中飘荡着一阵阵海水的咸味，海面上漂浮着几辆水上自行车，几辆海上摩托车在海面上"横冲直撞"，发出"嘟嘟"的声音，溅起无数的浪花。

　　沙滩，是孩子们的天堂。有的人在堆城堡，有的人在挖海蟹，有的人在晒太阳，有的人在聊天……不时飘来阵阵欢笑声。

　　提着小桶，拿着铲子，我向沙滩进军了。沙子软绵绵的，被太阳晒得暖洋洋的，酥软地搔着我的脚板心，痒痒的，找了一块较湿的地方，用铲子小心地挖掘，只见有几处小窟窿不断地向上冒着水泡，发出"咕咚"的声音，又有海水不断上涌，不一会儿，水便淹没了那片地，填实了沙坑，再向下挖，便挖出了一只小海蟹。它的背上驮着一个硬邦邦的壳，壳的中央有几条花纹，壳的两旁伸出三个小尖叉，大壳底下，还各伸出四只小腿儿，每只小腿有四折，最后一折似一个小铁钩，四只腿前各有一个小夹子，两只小夹子张开着，上面长着一排又小又尖的像狗牙一样的小齿，还伴有黑乎乎的毛。放在手心，痒痒的。

远望，海水和天空似乎一样颜色，海与天连在一起。

傍晚时分，涨潮了。一排白花花的潮头簇拥过来，直奔海岸，潮头撞上沙滩，溅起一阵阵浪花，击起一层层波澜。远处，海浪一浪接着一浪，一浪高过一浪，水渐渐淹过沙滩，一点一点地向岸边蔓延，不一会儿，便袭上了海岸的石堤，我坐在石堤上，看着浪花拍上石堤又化作数点银光，落入水中，如此反复，前赴后继，无止无休。凉凉的海水溅湿了裤脚，带来了一阵凉意。脚下的水域中隐隐可以看到三两个贝壳，是被海浪冲来的，五彩斑斓，镶在海滩中，格外耀眼。

相信待到退潮时，一定会有数不清的贝壳，到时候再来拾，一定会满载而归。

世界的颜色

王　炜

蓝天与大海争着问我："你喜欢什么颜色？"

我抓了抓脑袋，笑嘻嘻地对蓝天、大海说："我喜爱蓝色。大海、蓝天给我一种宁静、深邃的意境，你看蓝色的大海，它广阔无垠，一望无际。那是宽阔的胸襟，它可以包容一切，让我学会宽容他人。"

太阳公公似乎有些不高兴，它反问我："难道你不喜欢红色吗？"

我开心地对散发着光芒的太阳说："我也喜欢红色，红色给了我欢乐，它使万物得到温暖，充满了新的活力。红色象征着革命，象征着人们追求幸福生活的信念，所以我也喜欢红色。"

太阳公公会心地笑了。

土地公公皱起了眉头，质问我："你这孩子会不喜欢黑色吗？"

我俯下身来亲切地对土地公公说："怎么会不喜欢，黑色的泥土养活了所有的动植物。您的无私奉献，让我学会了做人，您与大海一样拥有宽阔的胸怀，一次又一次原谅了人们的无知。"土地公公说："终于有一个孩子理解我了，唉，如果每个人都能这么想，那么我会让他们繁衍生息再多几辈子哦！"

哦，对不起啊！百合花，你在叫我吗？

"嗯，你喜欢我穿的衣服吗？"在阳光的映衬下，百合花转过身去羞涩地对我说。

"白色，那是纯洁的象征。我喜欢白色，白色让我看清了一切，不再计较得与失。"

树，故意散落一片叶子，落在我脚跟前，我拾起，抬头微笑。

"我也喜欢绿色，那是生命的象征。绿色使我心旷神怡，使疲倦的我充满了活力，那是美好一天的开始，促使我珍惜时间，不要浪费宝贵的青春。"

感谢，感谢世界充满了色彩。

感谢，感谢父母给了我明亮的双眼，让我看清了世界。

收藏生活中的美丽

孙至鋆

一枚普通的雨花石，没错，我是这样下定论的。

那的确是一枚普通的雨花石。它是小表弟来我家玩耍时所遗留的物品。虽不值钱，也不特别，但作为小表弟"专程"送给我"收藏"的礼物我只好收下。

小区中，这样的石头随处可见：稍显粗糙，缺乏打磨，或米色或黑色，手感平平，观赏价值普通，踩着脚疼。但这块石头却让我发现了别样的美丽。

那是一次偶然的端详。我随手拿起它，却发现它并不粗糙，甚至可以说是光滑非凡，薄薄的石面下，竟藏着些许淡淡的紫晕。来了兴致的我又细看看，发现它的表面似乎打了蜡，显得圆润无比。而那愈发明显的紫晕，竟如唐太宗的飒露紫般高洁又纯正。

"手艺人的技艺就是好啊！"旁边走来的父亲看了

看，"这是一块上等的雨花石，从成形到打蜡，总共有数十道工序呢！当年你爷爷曾带我看过。只可惜，在如今这个全靠机器的时代，手艺人怕是都要绝迹了。"

我默然，这样看来，表弟真是个天生的收藏家。只是，这雨花石，究竟默默无闻地度过了多少个年头呢？

其实，生活中的美丽太多太多，但整日处于喧嚣闹市中的我们，曾经是否为了一个普通而不吸引人的物件而驻足流连呢？纵然它拥有再上好的原料，再高超的技艺，在这个不注重内涵的物质社会，都难逃被遗忘的命运。我手中的雨花石，和他们曾经的缔造者，都终会被机器赶制的色泽华丽的粗糙石头取代。

有一则小故事，把路边的破石头分别拿到石头商店、铁器商店、银店、金店，乃至珠宝店，它可以卖出比成本高出数十、数百、数千、数万乃至数千万倍的价格。只是这样一来，真正的宝物又要去哪里呢？

我默默地收好那块雨花石。它提醒我，永远不忘收藏生活中平凡的美丽。因为，每一种平凡，其实都不平凡。

苏 州 的 水

王 卿

虽不曾去过许多水乡古镇，但我早已从千百年来文人骚客的笔下体会过苏州独特的美。

初次来到苏州，是在我十岁那年，吴地人的吴侬软语给我留下了深刻的印象，苏州水乡，孕育出了独特的文化，孕育出了苏州特有的灵气。

苏州的井水宛如一位内秀的姑娘，她总是很害羞，从不肯多露几分。她总是让人感觉冰凉，但十分甘甜，也许就是因为这样，苏州人的方言才会如此悦耳动听吧。在井前俯下身来，看见自己的影子随风而微微颤动，那一圈一圈荡漾开来的涟漪，如同美人那飘逸的衣袖，带去的只是无限的思念。远处，又飘来幽幽花香，怎不让人流连忘返？

我去过周庄，记忆中双桥旁的水是安恬的。你看，那双桥虽没有现代桥梁那样大气、繁忙，但桥墩上的绿苔却给人别样的美，它向这里的过客诉说着多少烟雨往事。远观这座桥，桥身倒映在水里，不得不让人浮想联翩，人们都说双桥的样子很像是古时候人们使用的"钥匙"，这把钥匙能打开水的心锁吗？走在桥上远眺水乡景色，烟雨朦胧，犹如蒙上了一层神秘的面纱。即便是下雨，这里的水也安恬得多，雨像细丝般一针针地缝进这水里，慢慢地融入，融入，闭上眼，听耳边雨声的呢喃，突然让人释怀了许多。花开花落，亦不能影响这里的水，花瓣落下，飘飘悠悠地晃进水里，浮在水面上，让人不忍心去打搅她们。船行在水上，漾开了层层涟漪，引人遐想。夜晚，周庄沿岸居民家的灯光还亮着，周庄的水却早已枕着这鹅黄的灯光沉沉地睡着了……

苏州的小桥、流水、人家构成了一幅靓丽的风景，桥的古老、斑驳，水的清澈、恬静，人的热情、温柔，都让人感觉到苏州灵动的美丽，正因为这样，我们才更应该珍惜、爱护这里。

午后的暖阳

《《《

111

仰望天空

孙志浩

　　辽阔、永恒、纯洁——这就是我对天空的第一印象。走在大街上，坐在书桌前，站在阳台上……只要有机会，我总会不自觉地以一个固定的角度抬起头，看着那亘古不变的天。这个时候，总是能感觉到一种来自天空的震撼与感动。身处天地间，每当抬头仰望之时，总会觉得是天空一直在凝视我们、守望我们、保护我们，一种安全感油然而生。让我最难以忘怀的一片天空，是在一次放学的路上看到的。那时天黑得还不是很晚，依稀可见西边浅橙色的彩霞。我一抬头，就被这宁静圣洁的美景惊呆了：天空是一片近乎透明的浅蓝色，因为夕阳西下而少了光明，显得略有点儿泛灰。那若隐若现的灰色恰似一层雾霭，给天空增添了一抹神秘。这种奇异的蓝色蔓延到西边，在快要触到晚霞的裙边时却止步不前，取而代之的是柔和的鱼肚白，那种颜色使人联想到柔软光滑的丝绸。东边有一弯银钩似的月牙儿，就像天空上一枚精巧别致的小发夹。当时我在想，如果我能有一台照相机该多好！这样，永远把这份美景、这份感动留住，是一件多么美好的事情。

仰望天空，收获的不仅仅是美景与感动。春日里仰望天空，收获的是明媚的希望；秋日里仰望天空，感受的是"晴空一鹤排云上，便引诗情到碧霄"的豪气；有云的日子里仰望天空，感受的是天空的宽广与包容；星夜里仰望天空，感叹的是宇宙的浩瀚和人类的渺小……

闲来无事，仰望天空。在日升日落、云卷云舒中，寻找一份心灵的安宁。

有你真好

丁 一

笔尖滑动的声音不绝于耳，这是我在奋笔疾书。

夜深了，灯亮着，我的"鏖战"还没有结束。

"还有不到一个月就考试了，你必须加倍努力！"老爸带有命令口气的唠叨，一遍又一遍地在我耳际回响。我看着眼前如山的复习资料，再望望墙角落了灰的课外书，眼泪不知不觉淌到了脸庞。

是的，我承认自己不够聪明，也承认自己的成绩不够可人，但这就注定我一生平庸了吗？就注定了我要远离自己的梦想了吗？

不平的心绪，让我再也无法将注意力集中到习题上。我索性放下笔，悄悄溜出屋子，漫无目的地在小区里四处游荡。

周围一片寂静，没有了傍晚时分万家灯火的繁华和嘈杂，人们早已进入了梦乡。抬头望望天空，一轮尚未成圆的月亮，孤独地悬挂在天幕之上，睡眼蒙眬地散发着惨淡的光。它的周围，除了疏疏落落的几点星之外，只剩下无边的黑暗。

我不禁感叹：月亮啊，你孤独吗？在这样的夜晚，除了那可怜的几点星辰外，又有谁陪伴你，理解你呢？月亮啊，你害怕吗？身边有那么多深不可测的黑暗，你能照亮它们吗？想着这些，我的眼眶再一次湿润了，为了月亮，也为我自己。

月亮似乎看透了我的心思，从云层中渐渐挣脱出来，银色的月光从空中轻轻地流泻而下，流淌在我身上，轻轻的，柔柔的。恍惚中，我仿佛听到了月亮给我的回答："不要为我担心了。即使没有人陪，我仍然会做我该做的事，照亮黑夜，就是我的梦想。虽然有乌云遮挡，虽然有尘埃阻隔，但这又算得了什么呢？其实你也一样，少有人理解有什么要紧？少有人安慰又有什么可悲？只要心中有梦，只要执着地向前，眼前总会呈现一片光明的。"

我心里也豁然明亮了起来。再看时，月光流转，它已悄悄地从我身上滑落，铺展到地上。此刻，在我的眼前，月亮似乎为我铺设出一条光明的大道，一直伸向前方。

我慢慢地踏上这条路，并在心里默默祈祷：有你真好，我的月光。我会珍惜这缕皎洁的月光，向着心中的梦想进发的！

中秋节到了，晚上的月光肯定特别有魅力，那么迷人，那么皎洁，那么明亮……

有你真好，我的月光。

拉二胡的老人

吴妮妮

　　我偶尔会在四路标营站等车，每次都能看见一位拉二胡的老者，咿咿呀呀地拉着各种曲调，他的前面放着一个瓷缸，里面零星地散落着一些硬币。他是一个盲人。

　　这一天我又在标营下了校车，穿过马路来到公交车站。天下着雨，雨水顺着伞唰唰地往下流，初春的晚风吹在脸上还隐隐有点儿刺痛。站台有许多等车的人，他们都很焦急地向车来的方向张望。我也迅速地在站台的靠北一侧站下，路灯的光影照在路面上的水洼处，发出闪闪的亮光。忽然，我又听到那咿咿呀呀的二胡的声音。是那位老人吧！我不禁追寻。下这么大的雨他还要出来谋求一点儿生计的钱吗？是他！还穿着件褪色的蓝色外套，很是单薄。他静静地坐在站台的人群中间，专注地拉着《北京欢迎你》，凹陷的眼窝好像在凝神地看着密密的雨帘，嘴角似乎还露出笑意。身前还是放着那个经年的瓷缸。车站多是穿着花花绿绿的年轻人，他们似乎没看见老人。是啊，这么糟糕的天气，大多数的老人一定在温暖的灯光下，与家人在一起尽享天伦之乐呢！他们并没有在意这位老人的存在。

我不自觉地走向老人，从零钱袋里拿出了两枚一元的硬币，站到他的身边，蹲下身子，轻轻地放下，硬币在瓷缸里蹦了几下，发出悦耳的声音。谢谢，谢谢。老人闻声连忙道谢，头还微微地低了一下。我不知说什么好，只是两个硬币，我又能解决老人多少生活的难处呢！他不是还要在这样一个雨水涟涟的冰冷的晚上，摸索着出来为晚上或明天的生计乞讨。他肯定是住在一个阴冷潮湿又窄小的屋里，没有灯光。他一定很孤独的！我面对着他站着，静静地看着他。一会儿，他停下来歇了歇，手摸索着将瓷缸中的硬币小心地放进口袋里。最多七八个硬币吧！接着，他又开始专注地拉起乐曲。

四路车来了，好多人都上车了。我也急急地挤上公交车，车内温暖如春。冻僵的脸庞好像一下子松软下来，有一种说不出的畅快。透过车窗玻璃，车站儿只有几个焦急等车的人影。老人还在专注地拉着。车驶离车站，雨还在下着，我在想，老人什么时候回家呢……

留　下

蒋振廷

我手中紧紧地攥着一包纸巾……

包装袋被我捏得"吱吱"响，最外面的纸巾被我手心的汗浸湿了。

我的心里苦巴巴的，要不要挺身而出？

那是一个下雨的深秋，我登上了地铁回家。地铁很挤，几乎没有座位。我费尽九牛二虎之力才找到一个空位，刚准备坐下时，却发现上面不知被哪个人洒了一座位的奶茶。

地铁里的灯光昏黄，那黑色的布丁像一双双小眼睛，我瞪它，它也瞪我。列车上的人有的在玩手机，有的在不耐烦地等待，还有的干脆呼呼大睡，车厢里弥漫了一股焦躁、压抑的气氛。

到了人最多的新街口站，这时上来了一位老奶奶，她身材矮小，身上的衣服破破烂烂，还有几处补丁。她提着大包小包，好不容易才挤上了车。

她用浑浊的眼神环顾着四周，当视线似乎指向那个座位时，她的眼神里射出了欣喜的光芒。"让一让，让一让！"老奶奶吃力地提着大包小包说。

人们不耐烦地躲开了老奶奶，用厌烦的眼神看着她。那眼神就像无数支利箭，转了个弯射在了我的心上。

我可以想象老奶奶见到那个肮脏的座位时将会多么失落，她喃喃道："不坐了，不坐了……"

于是便出现了开头的一幕，我手中攥着那包餐巾纸，心里踌躇着。

要不要，要不要这样……

我的手心、额头全是汗，心中如有一只小兔子似的乱跳着。列车行驶了一站又一站……

终于，我忍不住了，一把抹去额头上的汗，三步并作两步走，冲上前去道："我来！"

我快速地把座位清理干净，那蓝色的座位似乎弥漫着淡淡的奶香味。我对老奶奶说："请坐！"这是让座吗？是的，这是一次特殊的让座。

老奶奶连声感谢。我尴尬地笑了。我想，当时我的表情一定很不自然。不过，我真的很高兴，因为我留下了一个带有爱的座位。

从地铁站里走出来，我发现外面灯火通明。再想想这件事，感觉"赠人玫瑰，手有余香"。

　　是的，我留下了爱，也得到了爱。我哼着小曲儿，踏上了回家的路，人生的路，满是光明的路。

邂逅蒲公英

黄韫彦

微风拂来，空气中萦绕着一丝熟悉的清甜气息——我知道，那是蒲公英的香味。

记忆中的那一天，是个平凡的下午，蝉鸣阵阵，清风徐徐，驱散了盛夏时节的燠热。妈妈牵着我的手，漫步在公园幽静的小路上。路旁碧草茵茵，我在萋萋芳草中一眼瞅见了顶着一团白色绒球的它。

微微泛着紫红色的修长叶片，高挑笔挺、不蔓不枝的茎，这株野草丛中的小精灵格外显眼。端详着它紧密簇拥着的雪白绒球，我铆足了劲儿一吹，呼——它只是微微摇曳了几下，就恢复了平静，似在浅笑。我不服气，再次深吸一口气——脸都憋红了，再吹，还是没把这些小绒球送上天空。

我放弃了，把求助的目光投向一旁观望的妈妈。妈妈笑吟吟地蹲下身来，几乎没费多大力气，这些如柳絮般轻盈柔软的小精灵就被陆续送上了天空，数不清的小黑籽各自顶着洁白蓬松的发饰，纷纷离开母体，飘扬旋转在蔚蓝的天幕下。

我痴痴地仰望着漫天飞舞的轻絮，听见妈妈在耳畔细语："宝贝，总有一天，你也会像这些蒲公英种子一样，离开妈妈，独自一人去更大更遥远的地方旅行。"

看着飘远的蒲公英，听着妈妈的话，我似懂非懂。

真奇怪，蒲公英明明是没有香味的，但我轻轻翕动鼻翼，却清晰地嗅到了丝丝缕缕的清凉与甘甜味儿。这味道唤醒了我对行走远方的希冀与期待，让我察觉到了妈妈隐隐的不舍和倾注在我身上的浓浓的爱。

那个盛夏，我与蒲公英邂逅，从此，我便爱上了蒲公英。虽然我不再牵着妈妈的手去公园散步，虽然与蒲公英的相遇只是偶然，我却从未忘记那个微风徐徐的盛夏的午后。

而现在的我，已经能独自面对成长路上的一些荆棘。我相信，在不远的将来，我真的能独自去更遥远的地方旅行，独自漂泊远方。

没想到，在这个平凡的夏日，我再次在公园的草丛中，在一个平时被我忽略的角落，惊喜地邂逅了许久未见的蒲公英。我的老朋友，你是否已在这里等待了几个春秋？或许我错过了太多，但总算没有错过这次的相逢。我轻轻耸动鼻翼，一丝若有若无的香气缭绕在鼻尖。我知道那是蒲公英的香味，然而不一样的是，闻着这香味，我心中那誓要飞到远方的坚定信念和对未来的希冀与盼望越来越清晰。仰望蓝天，我心头升腾起一股力量，心中多了一份坚毅——我一定要做飘得最远的那粒蒲公英种子。

　　盛夏，蝉鸣阵阵，蒲公英摇曳，而我在成长的路上愈走愈远。

难忘的一幕

赵萌暄

下课了，我走出教室，看到一个人中年男人的侧影。只见他蹲坐在教学楼下的台阶上，已经脱下的工作服，被随意地扔在墙边一排纯净水桶上，身上只穿了一件单薄的棉毛衫。一根扁担横放在他的脚边，他是我们学校的送水工。在这样的深冬，穿得却如此单薄，可以想象一个早晨的送水工作定是已经让他浑身冒汗。他的衣服是灰色的，头发是灰色的，脸上的皮肤似乎也是灰色的。他左手夹了一根烟，不时凑到嘴边吸一口。他的头微微向上抬，在淡淡的烟雾中，他微微眯起双眼，毫无目的地望着远方的高楼。

一根烟的工夫很快过去了。只见他低下头，将烟头掐灭，然后拿起一旁的扁担，直起身，象征性地拍了拍裤管上的灰土，向排在墙角边的纯净水桶走去。那的水桶我之前也曾试着扛过，很沉。

看到这一幕，我不禁想，送水工的工作真是辛苦，他们早出晚归，爬上爬下，为我们送上甘甜的纯净水。可是我们有的同学却一点儿也不珍惜他们的劳动成果，有的同学用纯净水洗脸，有的还用来浇花，有时候桶里的水还没用完就嚷嚷着要工人师傅换新的。现在想想真是太不应该了。我们应该尊重别人的劳动，而尊重别人劳动最好的方式就是珍惜别人的劳动果实。让我们一起行动起来，珍惜每一滴水，尊重每一位普通的劳动者吧！

平凡的感动

沈少波

吃完晚饭，我总是习惯到小区去散散步。

正是四月的晚上。夜晚的空气中氤氲着淡淡的花香，草丛中的蚕虫也和着春风浅吟低唱，平凡的生活，一切都如此美好。

向前走着，却隐隐传来了有节奏的呼喊声，循着声音，来到了小区旁的河边。

此时河中的水已经被完全抽干，只剩下了没到人裤管的淤泥。五六名工人，正在这淤泥里推动着一台沉重的机器。只听领头的一位扯开嗓子："一二三——嘞！"余下的几位便和着他的号子，齐力向前推动这台机器。在他们的齐心协力之下，笨重的机器就如一只巨大的金属甲虫，在淤泥里缓缓地挪动着。而那洪钟般的呼喊，却也让我心头一振。

过了一会儿，怕是大家都累了，工人们都停下来倚在机器上休息。在明黄色的探照灯光下，我这才看清了他们的脸。工程帽下，是张张黝黑的，沾满泥渍的脸，生活的辛苦，在他们的脸上刻下了或深或浅的皱纹。有些人的下巴上，还有一撮凌乱的胡茬儿。那双双同样沾满淤泥的粗糙大手，或是插在工程服裤袋里，或是撑在了那笨重的机器上。当我的目光停留在他们的眼睛时，我的心又被触动了。那些乌黑的眸子里，无一例外地都闪着对生活的渴望与企盼，那种目光，就同农民站在春天的田垄上，远眺绿色的麦地一样，洋溢着对丰收的渴望。只听领头的人给其余几位递上一支烟，说道："咱们再加把劲儿，争取今晚完成任务。"

我在心里同他们道了别。转身离去，未走多远，又听到一声呼喊在我背后，更在我心里炸开："一二三——嘞！"

忍不住回头望，探照灯下，几个身影被拉得格外长。他们在城市的土地上挥洒汗水，耕耘着自己的幸福；他们更在我的心里，播撒下一片平凡的感动。

平凡的他

查俊辰

　　球赛总能吸引大批球迷，为了某个巨星或某个球队，精彩的比赛总能引发热烈的掌声。你可否知道在这精彩的背后有一个平凡的他。

　　我喜欢看网球，看快速的跑动，精准的小球。在一次看比赛的过程中，我注意到了一个熟悉又平凡的身影——球童。

　　只有在一个回合结束和发球时，才能看到他们的身影。一般电视转播镜头很少给他们特写，但他们一次又一次的奔跑，着实触动了我的心灵。

　　边线球童以箭一般的速度朝球跑去，将球拿到另一侧后滚给底线球童，然后左膝跪着，时刻准备跑进场地中央捡下一个球。底线球童在接球后的一瞬间将球准确无误地掷给发球人。这一跑、一滚、一掷，须又快又准，才能保证发球人在第一时间拿到球和整个比赛的流畅性。高强度的奔跑使球童们肌肉紧绷，不过几局，豆大的汗珠划过他们的脸颊，如小雨般滴在场地旁。在这种"足蒸暑土气，背灼炎天光"的感受下，球童们虽气喘吁吁，但脸上一直挂着比炎日更灿烂的微笑。

我想：他们如此努力地奔跑，又得不到丰厚的回报，为何这般卖命，岂不是虚度青春年华？他们给我的回答却是：精彩的比赛，会引发热烈的掌声，倘若没有他们，比赛就会毫无秩序。对他们来说，原来最热烈的掌声是送给他们的！

坦然是一种付出后的甜蜜。

在电视上又看到他们的身影，猛然觉得这平凡的身影在我心中却不平凡。

你温暖了我的视线

芙 蓉 花 开

袁轶南

门后，一棵芙蓉树在风中婆娑作响。

我自己也不知道她是什么时候就有的，只知道她是我的一个家人、朋友。

回忆起从前的岁月，我曾抱着她哭过、笑过、打过、闹过，有什么不开心的事我都对她说，她总是动动身上的树叶，那抖动的声音像是在逗我开心。芙蓉花开的时候，整棵树生机勃勃，一派喜庆。见到她，我的怨气就没了，心情也舒畅了。

七岁那年，我问爸爸："芙蓉树是什么时候种下的？"爸爸用笑而不答来掩饰自己的思索。

"和你同龄，比你大几个月。"

"哦！那我该叫她姐姐了吧。"那时的我天真可爱，又有些幼稚。

我情愿做个懵懂的傻女孩儿，天天抱着芙蓉树喊着"姐姐"，在树下唱歌、玩过家家。

　　我喜欢在夜里独自散步。初秋的月光下，一朵朵含苞欲放的芙蓉花随风摇曳着，我痴痴地望着她们，生怕其中未开的一朵会一骨碌滚下来。心中一阵不曾有过的酸疼，我哽咽了一下，只觉得喉咙紧紧的。

　　清晨，我踏着小舞步来看芙蓉，竟还没开！下午，我得知因为后门道路的建设，必须把树拔了。我在湿漉漉的巷子里飞奔，奔向芙蓉。"怎么能让她走，花还没开呀！"我仿佛听到了她的呜咽，胸口像塞了一团棉花，眼泪扑簌簌地往下流。

　　我眼睁睁地看着"姐姐"被连根拔起。

　　那一段时日，我不再欢笑，只觉得好孤寂。我始终忘不了那一刻：芙蓉花并没有开，而是纷纷落地，一地的缤纷似乎都在诉说：朋友，我只能留下这些。我的眼前总是闪现着未开的花苞无力地躺在地上，莫名地显眼，那段日子特别灰暗。

　　九岁那年，爸爸不知从哪拿来了一枝小芙蓉，种在地里，和我的个子差不多。这么小，什么时候才能长成像"芙蓉姐姐"那样高啊？

　　"芙蓉树可神奇啦，一两年便能长成大树！"

　　"真的？"我大吃一惊，不可思议地张大了嘴，"不会吧？哪有那么神的！"

　　过了半年，芙蓉树长高了许多，跟爸爸的个子差不多了。枝叶茂盛，绿油油的令人心底痒痒，虽然当年没开花，可爸爸脸上有欣慰、欢喜和得意，我激动得恨不得吻她的每一片叶子。

　　夜晚，这个季节并不冷，可风吹来，我还是有一丝丝担心。芙蓉！我一直在等你开花。夜里，我隐约感觉到自己在笑，因为我梦见：她"噌噌噌"地长成了一棵参天大树，芙蓉花盛开，我扑进了好朋友——芙蓉的怀抱。

　　门后，一棵芙蓉树在风中婆娑作响……

我多想为你造一个家

王思匀

为什么我又见到你这双无助、悲哀的眼睛？

你奄奄一息地躺在马路旁，原本光滑的皮毛是那么的暗淡，又细又长的尾巴无力地耷拉下来，头部和耳朵里有血。早已和暗淡无光的皮毛结成了硬硬的血痂。你无助地蜷缩着，如同在母亲肚子里的孩子一般，一双不大的眼睛就这么绝望地看我，里面满是恐慌和凄凉。

当我昨天见到你时，也是这个光影交错、似明似暗的黄昏里。你的毛发还算整齐，洁白的身子还未被血染红，可是，你是怎么了？被几个顽皮的孩子追逐着，在地上蹒跚地挣扎挪动，却是无论如何都无法逃脱，我不知道你怎么了？是冲出马路被无情的汽车撞得头晕眼花，步履蹒跚？抑或是将路边遗弃的广告牌上的图片，当成了你的孩子？不，你不应当再出现在这里。当看见你走投无路沦落为孩子的玩具时，我和你的目光相遇了。

这是一双怎样悲哀的眼睛！颜色不同的两只眼睛射出的不是阳光，不是明媚，只是充满着对生的绝望，对死的恐惧，也许就在我们对视的一刹那，我决定要救你。

我终于给了你一块清静的地方，看着你小心地舔着自己的伤口，我放心地走了。

可我怎么又看见你？你没逃脱得了那群孩子们吗？你为什么不把自己藏起来？你趴在地上轻轻地喘息，洁白的皮毛早已污秽不堪，你这是何苦呢？你本应该在温暖的地毯上惬意地打着哈欠啊！

看着奄奄一息的你，我悲哀地发现自己什么也做不了。给不了你一个温暖的家，更给不了你一个温暖的怀抱，看着渐渐闭上眼睛的你，我这才发现，眼眶早已悄悄湿润。

玉兰花香

黄心妍

那年我和父母去井冈山玩，遇到一件事，至今仍让我难以忘怀。

那天我们正在一个路边的摊点吃着早餐，不远处一位老太太引起了我的注意。她一手端着一个盘子，盘子上盖着块纱布，一边微笑着，似乎在向旁边的顾客兜售着什么。而旁边的顾客显然没有什么兴趣，礼貌地朝她摆摆手。她仍然微笑着，识趣地走开，然后再询问下一桌顾客。

不一会儿，老太太转向了我们这一桌。我有些紧张，往妈妈座位边靠了靠。爸爸妈妈也谨慎地看着她。走到近前，她微笑着问："要不要花？……"

透过薄纱，我才明白她盘子里卖的原来是玉兰花，难怪能闻到一阵清香。爸爸连连摆手，他对于旅游景点兜售的东西向来抱有一种警惕。老太太又转向我和妈妈，依然微笑着说："买一朵吧，早上刚摘的，香着呢！不贵的，一块钱一朵。"

听她这么说，妈妈忍不住好奇，用手掀开盘子上纱布的一角。呀！里面果然是玉兰花，花瓣洁白如玉，排得整整齐齐，似乎还真带着清晨的露珠。我们都很惊讶，妈妈有些心动，我趁势给了妈妈一个眼神，以示鼓动。妈妈似乎也看出了我的心思，从背包的角落里摸出了两块钱硬币，说买两朵。爸爸欲言又止，仍旧谨慎地盯着老人。

老太太一听，脸上露出高兴的神情。一边接过钱，一边赶忙从盘子里挑花。老人忽然说："你们一家三口，给你们三朵，刚好一人一朵！"妈妈听了，爽朗地笑了笑，说"好"，然后准备再找一块钱硬币给她。没想到她连忙表示不用。爸爸有些吃惊，还想继续找零钱给她。她再次谢绝，仍旧笑着说："不值钱的，卖不掉，没人戴，也就蔫在树上了！"听这话，爸爸和妈妈也都不再勉强。这时，我才注意到，她头发已经花白，岁月也在她的脸上留下了沧桑的痕迹，穿着一双布鞋，衣着整洁得体。接过花，妈妈分给我和爸爸各一朵，我们三人几乎是同时把花凑到鼻子前深深嗅了嗅，一阵清香，沁人心脾。

给完花后，老太太又转向了另外一桌。望着她离去的背影，我不禁感慨万千。她用自己勤劳的双手换取一点儿微薄的报酬，也许她并未曾多想什么，但她却带给了我们一家一份别样的馨香和感动！

责　任

李怡青

春节假期中的一天早上，天空中飘着小雪。我早早地起来和同学约了一起去书店。公交车上人很多，有的携儿带女，拎着红红绿绿的礼盒，一看就是去走亲戚的；也有学生模样的，三五成群，估计是约了一起出门游逛的；也有的夹着公文包，或许是去上班的；也有年轻情侣，手挽着手，说说笑笑。不同的人有不同的事，但心情却都一样悠闲。车外雪花纷飞，车内却非常暖和。

由于道路拥挤，公交车只能走走停停。车来到一个十字路口，不远处的地方，一阵阵哨声穿过耳机进入了我的耳朵。说也奇怪，在这一阵阵哨声下，车辆的秩序也逐渐好起来。虽然速度并不是太快，但行驶得比较通顺。就这样车来到了十字路口前正好停在了那里。我站在车的前端，透过司机前面那块没有雾水的玻璃，看见了一位穿着制服的交警。只见他站在四面被车辆包围的一块小地方，脸冻得通红，热气从鼻子中和那口哨中呼出。他目光如炬，机警地观察四周车辆，伴随着响亮的警哨，双手不停地在指挥，动作干净利索。正值上班高峰，越来越多的车辆来到十字路口，但都乖乖地在等候，显出一副听话的样子。交警转向哪边，哪边的车辆便喷出一大股热气，然后有条不紊地通过路口。除了车辆，还有过往的行人，尽管天气很冷，却没有任何争抢。雪花依然在飘着，交警的肩上、帽子上已经积了薄薄一层雪。

车厢里有人在聊天，有的人在打电话，有的人在玩手机，更多的人在欣赏这雪花，却很少有人会去留意那位指挥交通的交警。但在这一刻，我知道了什么叫责任。

桂花酒酿和老人

丁婉莹

天气闷热，与父母说想下楼去转转，便去了。走在水泥地上，看着远处的石子路，那时，我与小伙伴们最喜欢在那里玩耍，老人则喜欢站在树荫下看着，微风吹过，我的思绪也飘向远方。

童年时期，因无所事事便喜欢找小伙伴们一起玩捉迷藏，而老爷爷这时骑着一辆三轮车进了小区，车子上放着两个大桶，小时候不识字，便没去在意。不过他喜欢敲着什么，发出"咚，咚，咚"的声音，有点儿像僧人敲着木鱼，他衣着朴素，喜欢穿着灰色的裤子，脚上穿着布鞋。居住在这里的人们，听见这声音，便有五六个人下来买，只见他娴熟地打开盖子，用木制的勺子舀在他们自带的碗中，桂花香散了好远，我狠狠地吸了一口气，都舍不得将它呼出。

　　长大后，识了字，才知道桶上贴着的是"桂花酒酿"几个字，一次雪后，路上结了冰，不好走，我便在楼下待了会儿，就在我以为酒酿师傅不会来时，他悠悠地骑着车来了，车一停，老人便开始敲着，有人下来买，快到最后一个人时，他好像想起了什么，忙给那人盛好桂花酒酿，便骑车走了，那人连钱都来不及付呢。

　　后来才得知，卖酒酿便是他唯一的生计。

　　放了暑假，我们一群小孩儿在那边石子路玩耍，老人也无事可干，便推着他的车，站在树荫下，笑着看着我们，有时因小孩儿追逐打闹而摔倒了，他便会将那个孩子扶起，帮他拍拍身上的灰，跟他说，要是再跌倒，就打你呀。

　　有一次，因为要做一道菜，奶奶让我去买桂花酒酿，我高兴地从橱柜中找了一只碗，一蹦一跳地下了楼，手中紧紧地握住买桂花酒酿的钱，等待老爷爷的出现。当他为别人盛好桂花酒酿，我才不紧不慢地走了过去，实际紧张得要死，便结巴地说："你，好，我……要一碗桂花酒酿。"老人微笑地接过我手中的碗，给我舀了一大碗，让我端着小心些，结果刚走几步路，便被石子绊倒了，老人赶忙走过来，将我扶起，问我怎么样，我看地上倾斜尚完好的碗和那被洒出的酒酿，泪珠在眼眶里直打转，手掌出着汗，在想着怎么与家人交代，只见老人捡起我的碗，拿出车篓中一瓶矿泉水，将我的碗洗了下，又盛了一碗酒酿递给我，我抬头望了望，开心地笑了。

　　树叶随风而动，唤醒了我的思绪，酒酿师傅已经很久不来了，桂花的香味依旧，我上前摸摸大树，最终还是回去了。

温　暖

楼帅舟

那天，我依旧和爸爸一起回家。

只不过这次是爸爸骑车带我回家。

刚坐上车，就又能感觉到儿时坐车的那种愉悦、温暖。虽然一路上晃晃悠悠，但仍有一种享受自由的感觉。

爸爸坐在前面，我坐在后面，父子俩缓缓前行，有滋有味。灿烂的太阳把天空染成金黄色，温暖的阳光洒在身上，凉爽的小风徐徐吹过，把我俩的衣服吹得像披风一般。

这一路，远比开车回家要享受得多。

当我们逍遥自在时，只见前方不远处有一个庞然大物正在逼近。我定睛一看，那东西两旁还都喷着水呢！

噢，不好！是一辆洒水车！

瞧那些被它横扫过的物体，个个都是湿漉漉的。我和爸爸骑的可是电动车！如果我们也被那"宏伟"的洒水车喷一下，那还不成了"落汤鸡"！

于是，爸爸赶紧调转车头，可是已经来不及了！

眼看洒水车就要从我们身边开过，我们胆战心惊，准备迎接那"悲惨"的一刻！

可是……

突然，只见那洒水车有一边不喷水了，那司机好像看见了我们俩似的，故意关闭了这一边的水闸，不淋湿我和爸爸。

爸爸缓慢下了车，看着洒水车，我俩愣住了……

等那洒水车完全驶过了我和爸爸身边，那一边的水闸又立马打开。水，一下子迸了出来，两旁的花草又都得到了沐浴，这场水好似来得更猛烈，来得更透彻。

洒水车司机的这一善意的举动，如春风一般拂过我与爸爸的心，给我俩爱抚，又给我俩温暖。

这场"雨"，这种暖，一直萦绕在心头，久久不能消释……

爱 的 记 忆

赵胜寒

生活中的很多事情都随着岁月的流水冲走了，但有一件小事却深深地印在我的心里，每次想起来都会让我感到无限的温暖和感动。

那是我上五年级的时候，因为学校离家太远，所以在学校住宿。每学期初，我们都要打一辆出租车，把我的被子、褥子、脸盆、衣服等日用品送到学校，因为东西太多，每次都把一个出租车塞得满满的，邻居们都笑称此为"搬家"。

记得有一次，爸爸不在家，妈妈一个人送我去学校。我的宿舍在五楼，又没有电梯，为了少跑几趟，妈妈就一次尽量多拿些东西上楼，肩上背着，手上提着，有时腋下还夹着。一趟下来，妈妈常常累得气喘吁吁。最难拿的是被子和褥子，临出发时，妈妈把被子和褥子捆在了一起，这样拿起来更方便些。但是被子和褥子摞在一起，体积是妈妈的好几倍，妈妈身材矮小，这么大的被褥抱在怀里，没办法看见前面的路。只见她摇摇晃晃慢慢地往前走，我一边帮妈妈领路，一边时不时用手扶一下被褥，生怕被褥会滑下来。妈妈用胳膊紧紧地抱住被子，身子略往后仰，一步一步艰难地往前挪，每次走到楼梯拐角处，她都会用脚抵着墙，往上耸一耸下滑的被褥，重新抱紧。好不容易挪到宿舍，妈妈早已累得大口喘着粗气，把被褥往床上一扔，连说话的力气都没有了。我赶紧跑到卫生间，搓把毛巾，递给妈妈……

这件事已经过去很久了，但妈妈的爱却如种子，深深地扎根在了我的心底。如今，这颗爱的种子在春风雨露的滋润下，已经枝繁叶茂，为我遮挡着成长中的风风雨雨。总有一天，我会把爱的种子撒在更多人的心里，让世界沐浴在爱的浓阴里。

爸爸的说和做

张坤琳

　　我的爸爸虽然有时会做出严肃的模样教导我，可实际上，他就是个童心未泯的大男孩儿。他处事的风格一般是：只要做了，就没有不说的道理！用他的话来解释就是："这些事都是我出的力，为什么不让你记住我的好？"逻辑和小孩子一般幼稚可爱。

　　记得那次上课我很晚才回家，作业还没写完呢。其中一项是描字帖，我描着描着眼皮就不自觉地打起了架，迷迷糊糊地，很快便沉沉睡去。第二天一早，我是在床上醒来的，急急忙忙翻开作业本，顿时愣住了，我明明就……没有写完啊！可上面的的确确有一排整整齐齐，认真清秀的字迹。"谁帮我写的？模仿得还挺像。"我暗自揣测。再一扫那作业本，上面还有一行淡淡的铅笔印："是你老爸我写的哦，看你怎么报答我！""……"真令我哭笑不得。

　　你们可千万别以为我老爸是说了就做，做了就说的老实人。他在某件事情上也是光说不做的——戒酒。

　　虽然总把戒酒挂在嘴边，可真当看见酒时，又总是忍不住："宝贝，爸爸就喝一小杯，别告诉你妈好不好？"不等我答应，就已经一杯接着一杯地灌下了肚，还时不时吟咏欧阳修"我欲四时携酒去，莫教一日不花开"关于"酒"的诗句。到最后根本用不着我去揭发，满脸通红的，谁看不出来是喝过酒的？而老爸也只是憨憨地笑着，正所谓"虚心接受，死不悔改"嘛！

　　我的老爸的说和做并不低调，并不完美，可是那么真实，那么尽心。小小的张扬，小小的耍赖，是他，真实的他。

味　道

陈文剑

　　我正躺床上看书，忽然闻到一股浓浓的酸味——妈妈又在熏醋了。

　　我从小身体抵抗力就差，同学们一感冒我也就跟着感冒了。每当我感冒的那几天里，妈妈总会用她不知从哪儿听来的偏方给我治病，这个偏方就是熏醋。

　　这个星期，我又感冒了，涕泗横流，万分难受。晚上睡觉时，我怎么也睡不着。门缝底下透着光，我知道我妈妈也睡不着。过了一会儿，厨房里传来了响动，紧接着，房门被推开了，一阵刺鼻的气味飘进了房间。

　　只见妈妈端着小锅，兴冲冲地对我说："赶紧闻闻！"

　　"有味了吗？"妈妈不放心地问。

　　"有味——酸死了！"我皱着眉头说。

她用一只手端着锅柄，锅柄上缠着条毛巾，一只手把我扶起来，小心翼翼地将锅凑到我鼻子下面。锅中的醋还在沸腾，一阵阵又酸又热的蒸汽顿时在房间里弥散开来。每当我不想再闻时，她又会慢慢地拍我的背，示意我接着闻。就这样一直持续到醋锅里不再有热气冒出，她又把锅端出去加热，如此往复。我不知道是不是真是妈妈的偏方起了作用，那一晚睡得特别香。早上醒来时，感觉鼻子还真是通畅了很多。走进厨房，妈妈已经在帮我盛稀饭，昨夜盛醋的锅里还残留着一些未刷洗的残渣。我已经记不清自己是什么时候睡着的了，也不知道妈妈昨晚又忙活到几点。看着妈妈瘦弱的身影，感觉鼻子酸酸的。可能是昨晚醋闻多了，也可能是别的原因。

　　"愣着干吗？还不快吃早饭，还要上学呢！"妈妈催促道。

　　我答应着端起碗，吃起了早饭。

　　接着，妈妈又说："煎鸡蛋有味道吗？我昨天看了则报道，说不能吃太咸，所以我就没怎么放盐。"

　　"有味有味，很好吃！"我急忙回答道。

等　待

俞劲杰

　　一个周末，爸爸说要带我们全家去外面吃大餐。我和爸爸早早收拾妥当，下楼发动汽车。妈妈因为要把家里的垃圾收拾一下，带下楼，所以就落在了后面。可我们在车上左等她不来，右等也不来。我不由得抱怨起来："妈妈每次出门都这样，磨磨蹭蹭的，老要我们等上大半天！"

　　说完，回头看看爸爸，他正坐在驾驶座上心平气和地翻看一张旧报纸，一边头也不抬地说："不用急，反正时间还早，来得及。"

　　"可她总不能每次都这样吧？！"我有些不耐烦。

　　"要不我上去催催，叫她快下来！"说着就要去开车门。

　　这时爸爸把我拦住了，笑着说："再等十分钟吧！我给你放首歌。"我皱了皱眉头，努力克制住自己的情绪。

透过另一边窗户，是小区的公共绿地，一对母子正在玩耍。不过很快，那位年轻的母亲从石凳上站起身，对在草地上玩耍的小男孩儿说："乐乐，我们回家吧！"边说边捡起旁边地上的一双旱冰鞋。

"再玩会儿吧。"小男孩儿回过头，对母亲撒娇道。

"呵呵，小孩子就是让人操心。"我想。

"玩了好久了，该回家了。"那个母亲依然用温柔的口气说道。

"不嘛，再玩十分钟。"母亲最终拗不过孩子，又轻轻地坐下，看着孩子游戏的身影在渐渐暗淡下去的夕阳中继续跳动。突然觉得这一幕是那么似曾相识，我小的时候哪次不是在一个地方玩着就不肯走，哪次不是妈妈催了又等，等了再催才肯离开。想到这里，再想想刚才自己的反应，一丝愧意涌上心头。

过了一会儿，妈妈终于从家里出来了。

"怎么这么久？"爸爸询问。

"刚准备下楼，发现小杰晒在外面的衣服还没收，现在不收，晚上容易沾上露水。"妈妈一边坐进车，一边说道："儿子，等着急了吧！"

"还好……没有！"我赶忙说。

令我难忘的一件事

肖　潇

　　早晨我突然被一阵电话铃吵醒，伸手摸到电话，拿起来："喂？"

　　"你现在在干吗？"电话那头传来妈妈那熟悉的声音。

　　"睡觉……"

　　"睡觉睡觉，你还上不上课啊？！"妈妈大声质问。

　　听这话，我立马跳了起来，一看表——七点四十！我的课是八点！草草地把自己收拾了一下，拎起装书的袋子，一路骑车猛蹬，路两旁的行道树快速向后飞去。到了上课地点，我紧急刹车，下车，上锁。一看，七点五十七！迟了，迟了……

　　"孩子，你们这几点上课啊？"旁边突然冒出来一个妇女的声音。

"八点！"我一边低头锁车一边回答。

"这上的是什么啊？"她又问。

"语文、数学，还有英语。"这时，我才回过头来看了她一眼，站在我眼前的是一位普通的中年妇女。

"这上课好不好？"

我正急着上楼，哪有工夫和她纠缠，于是随口敷衍说："好，好，好。"一边往门里冲。

"那……"她还想问。我却头也不回地往里面冲了，给了她一个决然的背影。

大约过了几秒钟，她竟然又喊起来了："孩子！……"

"还有完没完？"我不耐烦地想，一边停下回头看她究竟想干吗。

只见她拿着一个袋子正朝我快步走来，边喊："你的书！——落车篓里了！"

我一看，果然是！原来我走得太急，竟忘了拿书。我只好红着脸过去接。这时，我才仔细看清楚她的模样。干枯的脸庞，面色有些暗淡，穿着深色的羽绒服，裹着一条半新不新的围巾，戴着两只护袖，手拎着一只超市的环保购物袋。

接过书，我赶忙上楼。上了一半，才意识到，我连谢谢都忘了和她说。再回头看她时，她已经走出了门厅。

一边上楼，一边回想刚才的一幕，不觉有些惭愧：刚才那位女士，我不认识，但我知道，她肯定是一位妈妈，也许她想着给自己的孩子也报一个辅导班，先打听一下情况……不知道我的妈妈是不是也曾经这样四处打听过，是不是也这样满怀期待与忐忑地在辅导班的楼下徘徊过。想到刚才那位妇女的打扮，和妈妈多么相似啊。我的妈妈应该比她脸蛋圆一些，白净一些。但我似乎又不那么肯定，我已经好久都没有在意过母亲了。再想想早晨妈妈给我的电话，她上班那么忙，竟然比我还清楚上课的时间。

爬上六楼，我已经气喘吁吁。走道里很安静，老师已经在上课了。我不好意思地敲门进去，找地方坐下，心里却久久不能平静。

妈妈和她的舞蹈梦

杨青青

我妈是因为我，才不去跳舞的。这点我心中很明白。

周日晚上散步，照例在广场上见到了一大群扭动着腰肢的人，收音机里的音乐疯狂地唱着。人们踩着，踏着。虽然舞步并不优美，但是众多人一齐做着同一个动作，这便是美。每当这时，我妈便会停下脚步，观看着狂热的人群，笑着，让我想起了那张相片。

我看过妈妈年轻时的照片，美丽灿烂的笑容挂在脸上，身后就是舞蹈的人群。我猜想她肯定跟舞蹈有着一段美丽的故事，可是她却说自己从来没有跳过舞，我是不相信的。

或许是因为她羞于那段历史吧！现在的妈妈和原来的她早已不一样，脸上挂满了皱纹，手上满是老茧。或许她真的没跳过舞吧，她也不是那么有闲情雅致的人，但是我相信她对舞蹈有着炽热的感情。

在前不久的时候，我和她一块儿散步。她又照例停在了人群边，她的目光羡慕地望向人群。我鼓励她："妈，去跟她们跳吧！"今天的她，竟然勇敢地走到了人群中间，人群中一个人给她让了一个位子，她钻了进去，身子别扭地模仿着动作，手臂挥着，看得出她很欢喜。她完全融入了她所幻想的"奢侈"的美好中去了。

离开的时候，她仍然激动，我手上提着从超市买来的东西，她竟忘了拿。她一脸兴奋向我讲述，显然还沉醉在刚才的兴奋中。

快到家时，我忍不住问她："为什么如此热爱舞蹈呢？"她高兴地说："等你长大了，我就可以天天跳舞了。"突然我觉得她的要求真简单，只要求一个安逸的生活，望着她因激动而泛红的脸，我觉得她真的老了。

沉思中，母亲向前走动了，我还有作业，她还有家务活，因此我们不能停留太久。有时我真想说："好，停下来，看看吧！"但是我不能，作业、中考在等着我，她也不能，因为家务活，让我长大的重任在等着她，我们不能舍本逐末，渐行渐远……

有时候，父母就是这样，舍弃了他们的爱好，我爸天天嚷嚷要恢复有线电视，但妈妈却没有这么做，因为她爱我，她想让我好好学习，父亲母亲的爱你有可能看不见，因为他们就是这样，割舍着自己来爱着你。

棉花糖的味道

张盈盈

5月17日。爸爸的生日。

爸爸出差在外，我们父女已经好久没有联系了。爸爸，你还好吗？打开手机相册，在百余张眼花缭乱的照片中终于找到了——爸爸大大的脸贴着我小小的脸，我们一起幸福着。幸福的碎片零落地留在记忆中，慢慢归于完整，浮现在眼前……

那是一个假日。太阳暖暖地照在身上。爸爸又背着妈妈把我带到了游乐园。游乐园门口总是有如白色云朵一样的棉花糖。每次我走到卖棉花糖的身边，脚就像被粘在了地上，怎么也迈不开步子，眨巴着眼睛盯着那朵朵竹签上的白云，眼珠子都快要掉下来了。爸爸会蹲下身子，笑眯眯地看着我，用手指轻轻地捏一下我的鼻子，说道："馋了吧！爸爸给你买。"卖棉花糖的老爷爷也认识我，总是乐呵呵地一边说"给你一个最大的"。一边俯下身子递给我。我就会心满意足地握着棉花糖，伸出舌头小心翼翼地舔着。爸爸就用他的大手牵着我的小手，慢悠悠地向游乐园里面走去。

游乐园里有好多的人。小孩子们都像我一样由爸爸或妈妈领着，快乐地奔跑着，嬉戏着。玩累了，爸爸就会两手插到我腋窝下，从背后将我抱起，再用力一举。哇，坐到爸爸的肩膀上了，真是又宽又结实又平稳。刚才还不想走的我，立刻活跃起来，叫着："驾！驾！"爸爸则用手稳稳地扶住我，稳稳地向前走。在爸爸的肩膀上，穿梭在人群里，我可以看得好远啊——有树，树上还有毛茸茸的绿色小球；有山，山这边还有一座座楼房。脚下的小朋友也好像小了好多，我更乐了。只要坐到肩膀上，就会赖着不下来，爸爸也只好一直把我就这样扛着……

想到这儿，我的心里甜丝丝的，那是棉花糖的味道。岁月匆忙，我长大了，每天的脚步也快了。匆忙中忘记岁月留下的曾经的美好。打个电话给爸爸，祝他生日快乐，我要对他说："爸爸，女儿的记忆里永远留存着那白云似的棉花糖，那伟岸结实的肩膀。谢谢您！"

母爱的味道

李文俊

"味道"这个名词让人想到的无非是酸、甜、苦、辣、咸这五种味道。然而，我的母亲让我尝到的味道真是无穷无尽。

夜阑人静，人们早已熟睡，而我却因疾病缠身导致疼痛难耐，在床上打滚儿。妈妈刚刚结束了生意回到家中，看见床上脸色惨白的我，立马把我送去了医院。刚想稍做休息，又因我的叫唤而打消了这个念头。她彻夜不寐地照顾着我。睡醒后，看见床头那面容憔悴的妈妈，一股内疚涌上心头。她见我醒了，便让我喝药，随后又怕药太苦，给了我一颗糖。那颗糖在我的口里一点一滴地融化，就像是妈妈给我的味道一样，好甜。

夏天，是我最讨厌的季节。并非它让人汗流浃背，而是因为曾经的一个夏季让我的心犹如细雨坠落一样，一片一片地破碎着。

　　她繁忙得如同黑夜的流星，转眼即逝。所以想看见妈妈成了我儿时的一个心愿。每天早上醒来，我可以闻到床上遗留着她的香味，却不见身影。每天天上晚上都等待着她回来，可是没等到她回家，我就进入梦乡了。没日没夜的失落，让我决定一定要等到妈妈，让她带我出去玩。因此有一夜我彻夜未眠。不出所料，我等到了妈妈，那一夜，我很开心。因为妈妈搂着我睡了一夜，我闻到了她身上特有的香味。就像上瘾一样，让我越来越依赖了。

　　第二天清早，我起床后左顾右盼都没见到妈妈，我急得穿着一双比我的脚大好几倍的拖鞋就追了出去。我心里一急，就一脚下了两层的楼梯，谁知就在眼看要追上妈妈的时候，脚下一滑，连滚带爬地跌下了楼梯。顿时，一股钻心的疼痛传遍了我的全身。眼泪就如泉水一般，源源不断地涌了出来。我奢望她可以回来安慰我，可是她没有。

　　我看见她回头看了我一眼，便头也不回地走掉了。

　　那时，我多么恨她！这是个什么母亲啊！但是，我不得不承认，因为她对我的这种爱，我学会一种东西，它叫作坚强。

　　母爱是甜的，母爱也是辣的。妈妈的爱总让我措手不及，总让我在这之后慢慢地去体会它的那份耐人寻味。

你温暖了我的视线

黄莺菲

有种温暖的东西叫作幸福，是我所能看到的。你，一直让我幸福着！

桌上有一本英语书，下面是一本练习册，你兴高采烈地挽着我的手，将我拉入房间，我的手带着点点汗，你的手细长，柔软，却不像我的宽厚。你为我拉开凳子，带着力道按着我坐下。

我仰头看着你，你的脸上带着小女孩儿得到心爱的蝴蝶结般的欣喜。嘴角微微上扬，眼底是抑制不住的开心和一点儿神秘。你带着有点儿雀跃的神情说："我看过你做的练习，很多选择都是错在on和in所对应的时间上，所以呢，我整理了它们的用法，你看。"

随着你手的动作，我慢慢地看着翻开的英语本，像阿拉丁刚刚遇到神灯，不住地惊奇。本子上，一排一排，你用手一笔一笔抄下的单词用法，规整的手写体字母，细心地用不同颜色的水彩笔标注下重要的地方，还有你抄下的我的错题。我翻了翻，整整三页，我的手慢慢地合上本子，这些本该是我自己做的啊！

你揉了揉我的头，手上是护手霜的香气和你身上特有的柠檬香，我抬起头，你眼底完全被一种叫"幸福"的东西占据，嘴咧得好大好大，我又怎么忍心说"这种练习我已有好几份了"。

我点了点头，抱住她的腰，像小时候一样，感受温暖和安心的气息。"谢谢，太有用了！"我将头埋入她的衣服里，发出闷声闷气的感谢。

你捧起我的脸，捏了捏，"有用就好！加油！"你的眼中是止不住的自豪。

你松开我，向屋外走去，我望着你的背影，是典型的江南女子，现在却又像大树一样为我撑起一片天。我的视线变得热乎乎的，有种东西漫上眼眶……谢谢你，母亲。

轻轻推开那扇门

王心怡

　　运动会前夕，我与几个同伴练习步调一致，结果不知哪一个"啊"的一声尖叫，瞬间几个人都应声倒下。我只觉得眼前绿一阵黑一阵，再看膝盖也已是青一块紫一块。"危险性"这样大的项目，其他班同学怎么练的呀？一打听，原来很多同学都有秘密武器——护膝。于是放学的路上，我就琢磨着找妈妈弄个护膝。

　　回到家，推开门就朝老妈描述了一通自己的不幸遭遇，并且强调要妈妈也帮我买一个那样的秘密武器。结果老妈却一句"那是什么东西"给挡了回来。我只能叽里呱啦又解释了七七四十九遍，看得出来，妈妈早就听得不耐烦了。她轻描淡写地扔下一句"尽量吧"，就忙她的去了。

　　下午老妈便和老爸出去了，回来时一脸疲倦："你那什么破东西，我们绕商场绕了无数圈都没找到。"说完，就扑到了沙发上，瘫倒不动了。

"那我的东西怎么办啊？人家妈妈都弄得到啊！"我有些着急，"明天就星期一了，又要训练的。"

"再说吧……再说……"

我只得非常郁闷地回了自己的房间。

"快，吃饭了。"爷爷一边拿着锅铲一边探出个脑袋来喊道。

我出来一看，客厅没有人影，老妈房间里似乎有声音。

轻轻推开房门，只见爸爸坐在床上，床上摊着几双厚袜子。

"妈妈呢？"我用疑惑的目光看向老爸。

还没等老爸回答，我就发现衣柜旁有个东西在动。原来是老妈蹲在地上翻着什么。

"吃饭了！"我冲他俩喊。

吃完饭，我因为还有作业，就赶紧写作业去了。写完作业，我发现老妈房间的门还透着暗暗的灯光。轻轻推开门，探了个脑袋进去。只见老妈坐在床上，老爸正在给她捶着背，旁边摊着许多碎布条，还有剪刀针线。我刚想讲什么，妈妈却先开口了："还有一点儿就做好了，明天记得带到学校去，不然我白做了！"老妈轻描淡写地说着，一边继续缝补着手上的旧袜子。我凑近一看，惊讶得说不出话来——那分明是一副护膝，用旧袜子做的，谈不上多美观，但剪裁得很仔细！

不一会儿，妈妈直起身子，长出一口气，说："好了！你试试！"

我试了试，大小刚好！直呼"太神奇了"！

回到房间，看着崭新的护膝，一阵暖意涌上心头。

静守时光，以待流年

丝 丝 母 爱

孟泓露

　　夜深了，窗外的月光朦朦胧胧，仿佛也打起了哈欠。小区里的灯都熄灭了，只有我书房的灯依旧亮着。

　　爸爸今晚值夜班，而我又有繁重的功课要做。十二点了，书房中笔尖着纸的"唰唰"声给这宁静的夜增添了些许伴奏之声。

　　"泓露，写好了吗？"妈妈推门走了进来，揉揉眼睛问。"还没呢。"我放下笔，甩甩酸痛的胳膊。"那，什么时候写好呀？"妈妈打了个哈欠，"不早了，明天还要上课呢。"

　　"我还得有一会儿。"我抓抓头，"妈，你先睡吧，我马上就好。"

　　"那怎么行。别说了，快写吧。"妈妈打着哈欠走出门，"我等你！"

我的眼睛忽然有些湿润，妈妈的"我等你"这三个字包含了对我的信任、期待和一丝淡淡的母爱。母亲不就是这样总是坚持到底吗？

　　过了一会儿，我终于完成了作业。整理好明天的书包，我轻轻推门走进了妈妈的卧室。卧室里电视依然开着，柔和的灯光充满了整个房间。隔着一面玻璃屏风，我模糊地看见妈妈靠在床边好像睡着了。我走过去见到熟睡的妈妈手里还拿着未织完的毛衣，我心里突然内疚了，妈妈平时是家里最早起来的人，我却还让她等我到这么晚。我轻轻地拉住毛衣，想拿它出来，谁知我一碰那毛衣，妈妈就惊醒了。

　　"哎哟，对不起，我不知不觉就睡着了。作业写完啦？我帮你铺床，你去刷牙洗脸吧。"妈妈起身走进我的房间。

　　我站在房间门口，望着妈妈利索地帮我铺床，眼中的泪不争气地流了下来，心中只有对妈妈的感激。

　　"刷好了吗？"妈妈叫道。

　　"嗯。"我赶紧擦了泪，走进洗漱间。

　　母爱也就是平时的这一点一滴，为何我平时不曾注意到呢？

　　伴随着这丝丝母爱，我很快进入了梦乡。

静守时光，以待流年

听爸爸的鼾声

李舒琴

　　不止一次地听妈妈"诉苦"，说爸爸打鼾厉害。我听了总是一边发笑，一边同情安慰。有一段时间，小姨从乡下来城里住几天，我被迫和爸爸挤一张床。那几天，我还真是领略了爸爸那富有韵律的鼾声。

　　起初几天，我被老爸的鼾声折磨得难以入眠，恨不得掐醒他。这时，轮到妈妈安慰我了："你爸爸白天那么辛苦，晚上你可不能吵醒他！"想想也有道理。于是在妈妈的"点拨"下，我尝试着用欣赏的"耳光"聆听爸爸的鼾声，发现爸爸的鼾声还真是"不同凡响"。

　　夜深人静，你正要入眠，只听见一缕细微的声音从爸爸的鼻子里渐渐地呼出来。慢慢地，声音变得粗犷，一上一下，时高时低，像摇橹声伴着悠扬的号子。一会儿，呼噜，呼噜……声音变得更加清晰。再过片刻，打鼾声充满了整个房间，偶尔出现几个高音，感觉有一辆拖拉机"突突"地驶了过来。不一会儿，又趋于平静，但那是短暂的平静。马上呼噜声又起，不过，这回是从漫无规律变得颇有节奏，就像一个大型的打击乐队，叮叮咚咚地重复着一些拍子。忽然，鼾声猛地一提，声音更加凝重，质感更强，如同盛夏一个令人猝不及防的炸雷。不过马上雷声戛然而止，声音渐渐缓和下去。片刻，"呼噜……"一声打破了沉静，发出了洪钟一般的回声。鼾声渐渐缓和下来，此时就像一个乐队进入了低潮，渐渐地，渐渐地，鼾声消失了……你听，我老爸的鼾声还真是有一些韵味吧！

好吧，说实话，我并不喜欢这些特别的音律。在苦熬了三天之后，我决定跟爸爸好好谈谈。

听完我的抱怨，爸爸像个孩子般尴尬地笑了笑，并表示一定要"改邪归正"。

第四天，我早早写完作业准备上床，一看爸爸在看电视，心中窃喜，心想：赶紧睡觉，等睡着了就可以免受其害了。不知过了多久，在我快要睡着的时候，耳边传来妈妈和爸爸的对话声。

"你怎么还不去睡觉？明早还要上班呢！"

"你先睡，我看会儿电视，等孩子睡着了我再睡，免得打鼾影响她睡眠。"

"……那你也别太晚！"

"行了，你睡吧！"

接着是妈妈的一阵叹息，然后是关房门的声音。

我听了很不是滋味，想想因为自己的自私与任性要让辛苦了一天的爸爸熬夜太不应该了。于是我决定去"邀请"爸爸过来睡觉。

爸爸乐呵呵地接受了我的"邀请"。也不知怎的，这一回我睡得特别踏实，睡梦中，我似乎又听到了爸爸那富有韵律的鼾声，但我没有醒。

我 的 母 亲

马泳博

我的母亲在超市工作，经常上夜班，有时回来得很迟。尽管上了一天班，非常辛劳，但是当她进入家门后的第一件事，总是先到房间来看我，有时我正在写作业，她就会笑着夸我很自觉；有时我已经睡下，她就会帮我掖掖被子；有时我还没睡着，她就会亲亲我的额头，每当这时，我心里都感觉暖暖的。

有一天，母亲或许是太劳累了，来看我时竟将钱包无意间落在我的床上。我也没看见。这样，直到睡觉时母亲才发现自己的钱包没了，东找西找也没有钱包的踪影。既劳累又着急的母亲额上沁出了汗珠，最后还是我发现了钱包的下落。母亲拿到钱包竟连连叹息："老啦，老啦！"还笑着说是我叫"老妈"把她给叫老的。但在我看来母亲的确是太累了。

　　我是住校生，每周末下午返校时，母亲就总与别人调班，以便下午空出时间来替我整理衣物，这时母亲总是最忙的。还记得开学时，母亲为我整理生活用品不停地忙来忙去，不是站在椅子上拿橱柜上面的被子，就是蹲在地上找柜子里的鞋袜。不但手脚不停，而且一会儿来一句："饼干要不要带？"一会儿来一句："这条毛巾好看，就带它，好吧？"一会儿又来一句："你饭卡里钱还够用吗？"

　　看着瘦小而又忙得满头大汗的母亲，我觉得我应该做点什么，但又不知从何下手。临走时，母亲拎着大包小包送我，真像一个农民工一样。家离学校蛮远的，东西又多，母亲怕落下什么，一路上都是拎着的，我也帮着拿点儿东西。到了宿舍，母亲又是挂蚊帐，又是铺床，又是把衣服和日常用品归类放进橱柜，把我的宿舍整理得像豪华宾馆似的，唯恐我住得不舒适或者有什么不方便。直到我背着书包走向教室，母亲才离开我回家去了。我不禁回头望了一眼，看见母亲那疲劳的身影渐渐消失在众多家长之中。突然，我感到一种无比的愧疚，隐隐约约地又感到了一种从来没有过的责任和担当。内心似乎得到了什么，又好像失去了什么……

　　超市的工作本来就特殊，而母亲负责管理着计划工作，平时工作就忙，节假日更忙，而双休日又要为我而忙。从小学开始在我的印象中母亲就没休息过，偶然我会看到母亲下班回来坐在沙发上一动不动，连话都不想说。小时候我还会缠着她撒娇，现在我知道她是累了。我在母亲的疲劳中一天天长大，而母亲就是这样在关心着我的一天又一天中渐渐变老。世上有两样事物是人们必须仰望的：一是星空，一是母爱。

愿普天下所有的母亲青春常在。

静守时光，以待流年

想 想 别 人

丁一文

想想别人，一种最朴素的品质，却常常被我们忽略。

热！是席卷而来不能忽视的热！同学临走前递给我一把伞，我顶着伞站在一棵柳树下焦急而又不耐烦地踱步。然而真的是酷暑难耐！即使有大树和伞替我挡住大部分阳光，但汗水很快就浸湿了我的衣衫。看看手表，等了快二十分钟了——妈妈还是没有来！

"×××！"我惊喜地闻声望去，是那个我翘首以盼的熟悉身影，我一刻不耽误，立即跑去，"怎么样，等急了吧？刚刚有个急事，来迟了，对不起啊。"妈妈一见到我就急忙对我解释，一边递给我一瓶冰水。我看着妈妈，即使坐在空调车里，鼻尖上也冒出几滴汗珠，是真的有急事吧！然而这想法瞬间就被焦急等待的落寞一扫而光，本想替妈妈擦汗的手不着痕迹地收回，用沉默表达我的不满。

车外，闷热；车内，一片寂静。刚回到家，我自顾自地回到房间，只听见妈妈的手机铃声一遍又一遍地响着。我悄悄地打开房门，客厅里妈妈一边盯着眼前的电脑，一边对着电话说些什么，这个电话刚断下下个电话又响起来——看来是真的有急事！

我注视着沙发上的妈妈，她在我眼中依然美丽，只是眉宇间透着疲惫，时光使她眼角的皱纹又深了些……我内心一阵愧疚，悄悄泡了一杯茶端到妈妈面前。抬眼，正对上妈妈那欣慰的笑容。

是我没有顾及妈妈，一心只想着自己受的委屈，却没有想想妈妈，忽略了妈妈的感受，回到房间，我拿起笔在日记本上郑重写下：

多想想别人，爱就在我们身边。

最美的"欺骗"

赵嘉祺

一张普通的书桌上，三枚一元的硬币银光闪闪。

我死死地盯着它们，心里饱受煎熬。

这是妈妈叫我买文具后找回的零头。那时班上流行斗陀螺，大家对小小的陀螺乐此不疲。我却只能一个人孤零零地站在一旁——因为妈妈不愿为我买一个。那时我最大的奢望便是能有一个属于自己的陀螺。

而如今，机会就在眼前！

我颤颤巍巍地伸出手，刚要碰到那钱，便又触电一般地缩了回来。"这是在干什么？"我在内心质问自己，"我怎么能这样？"可另一个声音——恶魔的声音，也随即响起了，"就三块钱也能叫偷？无非是'借'过来而已。"也不知出于什么原因，被陀螺搅得神魂颠倒的我，居然听信了撒旦的话——那充满诱惑却又步步陷阱的地狱之音！我横下一条心，以迅雷不及掩耳之势将钱币一把抓起又塞进口袋里，口里喘着粗气，心儿怦怦直跳。

我就这样挣扎着度过了一晚。早上刚醒，昨天那罪恶的一幕又浮现眼前。我再也受不了了，转身伸手去掏口袋。可惜我还没掏着，妈妈却出现了。她疑惑地看着我："你神情好像不太对。""没什么。"我不敢看妈妈的眼睛，搪塞道。妈妈无奈地看了看我，一句话也没说，只是默默地离开了。此时我的心里无疑是紧张而无限自责的。我暗骂自己怯懦，没胆量去赎罪，却又无能为力，呆坐在那儿。

后来，陀螺买回来了，却被我埋在了柜子的最深处。我不敢，也不愿把它拿出来，只希望以后，一辈子都别再瞧见它了。

那一年，我六岁。

后来的日子里，我渐渐忘却了这段不堪回首的记忆。十岁那年，三毛的《偷钱》一文让我再次回想起这沉痛的往事。这时的我已有清晰的是非观了，忽然被这文章抑或是回忆触痛，便去找妈妈忏悔。

"这事儿其实当时我就知道了。"妈妈平静地说。

"什么？！"我很惊讶，"那您当时为何不说？"

"时间能让人看清一切，"妈妈淡淡一笑，"很多时候，比起指出事实真相，我们更需要的是理解和善意的谎言……"

离别的滋味

周 蕾

> 人有悲欢离合，月有阴晴圆缺。但愿人长
> 久，千里共婵娟。
>
> ——题记

两年前的那个枫叶血红的秋，生命中突然少了一抹色彩，一抹浓墨重彩。

小时候一直是爷爷奶奶照顾我，爸妈在外闯事业，几乎在十岁以前没什么对爸妈的印象。爷爷一向身体健康，似乎没生过什么病，就连感冒咳嗽都少有。

那个落叶满地的早晨，我叫了好几声"爷爷""爷爷"，可是屋子里空无一人，我又跑到院子里，院中那棵老树已经快没了叶子，只剩下光秃秃的躯干，毫无生气。爷爷不见了，我总觉得发生了什么事。

突然，电话响了起来，把我吓了一跳，我赶紧跑到屋里拿起电话就叫了一声："爷爷！"电话那头传来了妈妈的低声哭泣："爷爷没了……""没了？什么叫没了？"我当时不明白妈妈的抽泣是什么意思。"爷爷昨晚走了，去世了。"妈妈哑着嗓子说了这句话。我脑袋里嗡嗡作响，一直响着妈妈那句简短的话，手中的电话不知何时也掉落在地。我走到爷爷的房间，拿着那张我和爷爷唯一的合照——他不喜欢拍照，我看着那个笑得那么精神的老人，双眼不知被什么模糊了视线，只觉鼻尖异常的酸，嘴里有种极苦的味道，麻木了整个口腔，好苦，好苦……

我只觉得那个笑容离我越来越遥远，那个精神抖擞的身影变得飘忽起来，一直飘到了一个我看不见的世界里。这时，窗外起了一场风，带走了满地落叶，带走了无尽哀愁。

我清楚地知道，爷爷永远地离开了我们，到了一个我不能看见的地方。但我相信，我和他一定会看见同一轮月亮。那时，我会在院里的小藤椅上，看着月亮，抱着您的二胡，等您来为我重奏一曲思愁。

时光变迁，那院里的老树，应该又长出了绿叶吧……

留　下

夏曾成皓

时钟还在一格一格地跳动，无法挽回。

爷爷来到了我们家，坐在沙发上和我一同看电视，而爸爸却因公务迟迟未归。本想和爷爷好好聊一聊，交流一下感情，哪里知道只是说了两句就再无话茬了。

我安心地看着电视，而爷爷却若有所思，我知道他在担心什么。他看着桌上凉了半截的饭菜，又一次将其捧进厨房热了热。

时钟上的指针又悠悠地打了个旋儿，走过了大半圈。爷爷依旧没和我什么说的。虽坐在同一张沙发上，但心不知道飞了多远。我的心如脱缰的野马一般冲向电脑旁，而爷爷，一直担心爸爸归来时是否有热腾腾的饭菜。

他又一次尝试挽回那流逝的热量，他想让温暖留下，直到父亲的归来。我却不知他为何要如此，父亲又不是小孩子，又有什么好担心的呢？

爷爷用行动回应了我的问题。每隔一段时间，他便会走进厨房为他儿子，也就是我父亲热一热饭菜，还让我安心看电视。渐渐地，困意袭上了脸庞。眼皮此时如重千斤般似的倒下，再也无法坚持住，我应了周公的约。

也不知过了多久，一阵门铃打扰了我与周公的谈话，父亲赶回来了。翻了个身，却依旧不愿爬起。爷爷小心翼翼地打开门，见到是父亲，欣喜若狂地说："我给你留了饭菜，趁热吃吧，否则就冷掉了。"父亲看了看睡在沙发上的我，不禁摇了摇头，将我抱到了床上。在父亲的怀抱里，我的心被触动了。一阵阵疑问不禁出现：待到我长大了，父亲会为我留下那温暖吗？或许吧，那我，又能为父亲留下什么？我又能为他做些什么？一阵思索，却始终得不到答案。

钻出被窝，四处走走，想找到那个若隐若现的答案，却看见父亲准备去睡觉了。时常熬夜的他很少这么早睡啊！今天怎么了？走上前，问了父亲，父亲说："在外面吃过了，回来又吃一顿，有点儿撑，先睡了……"后面说了什么也已听不清，又是一阵心灵的冲击，我好像抓住了答案。

对父亲，留下物质自是徒劳，只有留下心中的爱与感激，方为上策，就像父亲和爷爷那般。倏忽，一阵暖流溢满心间。

见父亲已经睡下，天也不早了，我安静地躺进被窝里，享受父亲给予的心中的温度。

奶奶家的土墙

杨　悦

　　小时候，爸妈因为工作忙，把我寄养在奶奶家。奶奶家有一堵低矮破败的土墙，很不起眼，但却承载着我许多关于童年的美好的回忆。至今想来，仍历历在目。

　　墙内边上长着一棵高大的槐树，春天开花的时候，它就会与土墙组成一道优美的风景线，从远处看，好似一大捧圣洁温暖的花束，甜甜的，香香的，沁人心脾。这时，我常会爬到土墙上掐下一大把怒放的槐花，撒到正在树下择菜的奶奶身上，并冲着奶奶喊："天女散花喽！"奶奶就会乐呵呵地把我轻轻抱下，揽在怀里给我讲故事。有时我会郑重其事地在土墙下埋下几粒种子，然后翘首以盼，拉着奶奶一起在幻想中等待着硕果累累、瓜果飘香的秋天。

　　夏天，土墙上爬满了我春天种下的豆角秧苗，冬瓜秧儿……结出小小的、诱人的果子。我在土墙内玩耍飞奔，奶奶则一个劲儿地冲我喊，要我当心，别摔倒，我是一概不理，直到一不小心踩坏我心爱的秧苗，才懊恼不已。玩累了，我会爬到土墙上坐在槐树的阴凉儿下，悠然自得。

秋天，依附在土墙上的藤蔓瓜蔓都相继老去，但土墙根却显露出丰收的喜悦。我会爬到墙边兴奋地摘瓜摸菜，享受丰收的喜悦。

冬天，是我与土墙最要好的季节，与小伙伴们玩打雪仗，土墙当然成为我得意的安全"战壕"；有时还会和小伙伴在墙边堆一个巨大的雪人，样子憨态可掬。

四季如流水般淌过，我与土墙相伴的岁月也飞逝而过。但我对于奶奶家土墙所有的回忆，却像一坛陈年的醇酒，历久弥新，飘散出生活的甜美滋味。

静守时光，以待流年

187

外婆的包子

周谷沨

说起过年，忽然想到外婆的包子。圆溜溜、胀鼓鼓、懒洋洋地睡在锅里，冒着热气儿。古旧的铁锅放在桌子上，黑黝黝的锅，愈衬托出包子的白。外婆总是先夹一个给我。她迫不及待地掀开锅盖，把头探进白花花的水雾里，觑着眼睛，从氤氲的热气里夹起包子，再"嗯"地放进我的碗里，生怕包子飞走似的。我有时也会自己动手，但锅似乎太遥远了，还是坐享其成的多。我大口地嚼着，外婆在一旁笑眯眯地看着。有时还忙不停地念叨着："快，再来一个，荠菜的。"

又是春节，到外婆家去。一进门，便是两篮包子摆在厨房门前的大厅里，房间里弥漫着荠菜的香。外婆的包子，不必说那均匀的褶皱，也不必说那圆溜溜的个儿，单是薄薄的皮，泛着荠菜的绿色，就给人无限的食欲。到了傍晚，我照例津津有味地吃着包子，全家高声畅谈着。吃着吃着，隐约觉得嘴里有一根丝线般的东西，慌忙吐出来，原来是一根长长的头发。这是外婆的头发，我想或许还沾着烫发的药水味呢！我的心里顿时难受起来，却又害怕被外婆看见，又恐扫了大家的兴致，只得把头发捏在手里，悄悄地扔在地上，又硬着头皮把包子吃下去。

唉，我那时真太讲究了！

后来，我开始关注外婆的手、围裙、头发……指甲缝里似乎沾着灰，围裙上似乎满是油腻，就连头发，好像也灰蒙蒙的，再看看这一只只包子，我无法可想了。

包子一天天咽下去，寒假一天天临近结束，回到家后，我惊讶地发现早餐桌上多了包子。那精巧褶皱、圆溜溜的外形，细看上去，手指上的纹路还给包子披上了花纹。

"妈妈，这包子……"

"这是外婆特地为你包的，光准备馅儿就化了很大工夫呢！"

"外婆这次的包子个儿大，是想让你多吃点儿，反正不论是大包子还是小包子，你只吃一个。"

"那我怎么没有看见外婆包包子呢？"我问。

"哦，"妈妈顿了一下，"外婆总在天不亮时就起床……"我的心里酸酸的。

这样的画面，让我流连

丁文郁

想念，现在却只有回忆。曾经这样的画面，让我流连。

那一年的春天，天气格外晴朗；那一天的下午，阳光格外明媚。在开满桃花的树下，奶奶坐在藤椅上，小姑娘坐在奶奶的怀里。微风拂来，惹得无数花瓣纷纷飘落，似梦一般的花雨。

"小时不识月……"

"小时不识月。"

"呼作白玉盘。"

"呼作……"

"是'呼作白玉盘'。"耳边传来奶奶温柔而慈祥的声音。

"呼作白玉盘。"小女孩儿有一搭没一搭地照着奶奶的话念叨着，却显然没有用心，虽然嘴上没表现，在黑幽幽的瞳孔里上下不停转悠的小眼珠却暴露了心思。

又一阵微风吹来，吹得人暖洋洋的，不同的是，这次"吹落"的还有几只漂亮的蝴蝶。"噔"的一声，果不其然，小女孩儿看见蝴蝶立刻从奶奶的怀里跳出去，不管不顾地只追着蝴蝶，每次看似要追到了，却又一个不经意让她溜跑了，这小家伙怪机灵的。

女孩儿的眼睛只顾上面没留意脚下，"咚"的一声落实，在铺满桃花的大地上摔个满怀，女孩儿嘴一咧就想哇哇大哭，可妈妈说过"自己跌倒就要自己站起来"，女孩儿想起妈妈的话，又一声不吭地站了起来，肥嘟嘟的小手学着大人的样子在身上随意拍了几下，又想再去抓蝴蝶了。奶奶也没管，由着小女孩儿满院子"乱跑"。终于，小女孩儿跑累了，任性地躺在奶奶的怀里，又学起了诗，诗学得不怎么样，但蝴蝶总算追到了一只。祖孙俩拿着罐子说着蝴蝶，偶尔传来儿声银铃般的笑声，那笑声，让人莞尔，令人心醉。

是的，那个在桃花树下逗蝴蝶的小女孩儿是曾经的我。可当时教我念诗的奶奶却已老了。往事还在，回忆仍旧，但至今，却只能怀念了，好好珍惜吧！

这样的画面，让我流连。

最大的犒赏

蒋振廷

考级失败了。我拖着疲惫的身体，回到家，把吉他放在角落，一下子瘫倒在了床上。回忆白天发生的一切，让我觉得心灰意冷，几年练习的辛苦感觉白费了。望了望手上的老茧，它已盖住了手指的纹路，有些突兀地向外挺着。只要功夫深，铁棒磨成针——回想当初自己的豪言壮语，现在显得那么可笑。

三年前，我因为一次偶然的机会，在舞台上看到一位吉他乐手弹奏贝多芬的《致爱丽丝》。优美的旋律，轻灵的音色，帅气的乐手：我被深深迷住了。背着吉他，行走天涯——多么诗意而浪漫的画面。于是我信誓旦旦地向妈妈宣示，要学吉他。

于是，妈妈帮我找了一个吉他培训老师。初学时，因为有一股热情，也因为教得不甚复杂，感觉练琴很轻松，每天都信心满满。一连考过了五级，连吉他老师也夸我接受能力强。妈妈也很为我高兴。可是，随着练习曲目的逐渐复杂，我慢慢地显得有些吃力。细细的琴弦磨着我的手，每每弹下来，都觉得手指殷红发麻，疼痛难忍。但是最终我还是坚持学习了三年，一路披荆斩棘考过了九级。我暗下决心，下一个目标——十级。这时，妈妈却在一旁笑着说让我别急："自己喜欢就好，上不上十级不重要。"妈妈一向对我严格要求，这次的话让我有点儿诧异，我当然不以为然："开弓没有回头箭，不上十级不罢休！"

也许是太过于渴望成功，当我站在考级舞台上，内心异常紧张。聚光灯一打，台下人影晃动，我感觉自己整个脑袋有点儿蒙。我的手指不再灵活，接连弹错了几个音，下台的时候连谢幕鞠躬都忘记了。回想起来，那一幕真是不堪回首。

周末来到乡下看望外公，外公的腿意外摔伤了，动不了，躺在床上已经两个月了。腿好的时候，他是一个一刻也停不下来的人，而现在只能每天躺在床上。见我们来了，他很高兴。接下来的大半天，我都陪着外公，他躺着，我坐着，渐渐也有些百无聊赖。这时，妈妈突然提议，说让我弹一段吉他给外公听听，吉他刚好也在车上。因为之前考级的失意，我有些不情愿，但转念想，也没什么大不了。于是，我拿来吉他，摆好乐谱。外公也来了精神，让我扶他坐了起来。我先是弹了一首《恰空》，这是十级的考级曲目，相对有些难度，我弹得还算流畅。谁知外公听了竟乐开了花，说自己活了七十多岁，还第一次这么近看人弹吉他。见他这么开心，我又弹了一曲《凡旦戈》，这是九级的考级曲目。听到我们弹琴，外婆也放下手里的活儿，过来了，老两口连夸我弹得好听。见他们这么开心，我心里也美滋滋的。同时，我也很惊讶，这些在我看来原本普通的曲子，真的有这么好听吗？接下来，我又边弹边唱了《蜗牛和黄鹂鸟》。因为旋律轻快，更是把他们逗得前仰后合。

说实话，为了考级，这些曲子我已经弹了无数遍，但却从来没觉得有多好听，更没想过自己的音乐可以带给周围的人这样的快乐，我太在乎结果了。我渐渐明白，妈妈当初劝慰我的原因，也渐渐明白了一个道理——享受过程其实比一味追求结果更有意义。更别说，我还给周围的人带去了欢乐。考级虽然失利了，但是我的付出并没有白费。这难道不是最大的犒赏吗？

滚 铁 环

赵愉杰

童年，像一只弯弯的小船，满载我们七彩的梦，漂向远方；童年，像一部浪漫的电影，演绎着我们的幸福生活。在无忧无虑的童年里，谁没有玩过呢！没有"玩"的童年，就不叫童年。

夜晚，吃完晚饭，我和爸爸一起出来散步。如水的月光照耀着大地，显得格外爽朗。我望着月亮，竟想到了昨天看的电视节目，在电视节目中，出现了在二十世纪七十年代时玩的玩具。我便问爸爸："爸爸，您小的时候玩什么最拿手？"爸爸看着远方，回忆起了自己的童年……

"爸爸小的时候呀，哪像现在经济这么发达！根本就没有什么游戏机，那时我最拿手的就是滚铁环。"我不知道什么是滚铁环，便向爸爸询问："那滚铁环是什么呀？"于是，爸爸绘声绘色地讲起了关于滚铁环的知识。

"滚铁环呀，就是一种民间游戏。我们手里拿着一个顶头是'U'字形的铁棍或铁丝，推一个很大的黑铁环向前跑。还可以在铁环上套两三个小环，滚动时声音更响亮。我小的时候，参加滚铁环比赛常常拿第一，人家都很羡慕和崇拜我哩。"我心想：爸爸不会是在吹牛吧，我决定看看他说的是真是假。"爸爸，那我去买一个铁环，您来滚滚看。"爸爸急忙拉住我，说："不用去买，自己做就好了。"说着，去拿来了一捆铁丝，先用一根铁丝圈成一个圆，然后再用一根铁丝做一个长柄的铁钩子，就是把这根铁丝的顶端弯成"U"字形。还做了两三个小环套在大铁环上，这样就做好了。

我迫不及待地想让爸爸展示给我看："爸爸，那您来展示一下您高超的技艺吧。"爸爸还真不是吹牛，说干就干。他左手拿着铁环向前一推，右手握着铁环钩也跟着跑。铁环在爸爸手里可听话了，速度快慢都不倒，还可以过桥，走水坑，可厉害了。他一边滚铁环一边还说："滚铁环是我们那个年代男孩子的炫技宝物，带着铁环上学，就如同现在的孩子带着滑板上学一样，非常风光。我就可以把铁环一路滚到学校，绕过各种障碍。那时候在放学的路上，经常可以看到一群背着书包、满脸脏兮兮的孩子，手里拿着铁钩，推着铁环跑在马路上，我一直是跑得最快的。'哗啷哗啷'响成一片，场面颇为壮观。"我迫不及待地想试试，便说："爸爸，我也好想试试。"爸爸立即就停了下来，铁环还是没倒。我接过铁环和铁钩子，学着爸爸的样子，滚了起来，可是滚了没到五秒，铁环就倒了。爸爸看了，说："滚铁环是技术活儿，是有技巧的。要找对铁环的支点，这个支点就是在铁环接触地面的那个点，到你掌握铁钩子与铁环接触的点不能大于四十五度，你把铁钩子放在这样的地方往前推铁环就会往前滚动了。"我按照这个方法试了几遍，果然学会了，我可开心了。

顿时，我感慨万千：在爸爸小的时候，只有滚铁环这种游戏，而我们现在资源这么丰富，却不懂得珍惜，真是惭愧啊！我们应该珍惜现在的时光。

承　担

李婷婷

　　外婆病倒了。站在病床前，我看着穿着病号服躺在病床上的外婆，又看了看坐在病床上紧握着外婆那只贴着纱布的手的外公，我突然觉得外公的背似乎被什么东西重重地压弯了。

　　妈妈留在医院照顾外婆，外公便回家照顾我。平时只会热饭菜的外公对于生的食物有些犯难了。他左挑右拣，选了几个烧起来不太麻烦的菜准备煮。外婆早上用来烧米粥的锅还在水池中静静地躺着。外公拧开水龙头，看着细长的水流小心地舔舐着粘着米粒的地方，竟然发起呆来。几十秒后，他突然回过神，拿起抹布的手是如此的僵硬，仿佛他拿起的不是一块布，而是一种名叫"承担"的重物。

　　外公快速而干练地洗起了碗，也许是平时做多了，不一会儿就开始进行下一个环节。外公用那双被冷水冻得通红的手从水池中捞出了泡着的青菜放在砧板上。菜刀切在青菜身上清脆的声音又显得如此凄惨。我不禁为这些菜和外公的手指感到担忧。

晚饭比想象中要好得多，但气氛依然凝重。原本应该四个人的饭桌只剩下两个人。外公一直低着头吃着干巴巴的白米饭，却像外婆那样，不停地往我的饭碗里夹着菜。电视机中，女主播的声音依旧甜美，只不过再也没有了往日的活泼。

"你自己慢慢吃，要趁热吃。"

说完，外公从沙发上的被褥里掏出了冒着热气的饭盒，透过透明的盒子可以看见里面装的菜清淡却很丰富。他将饭盒装进保温袋，戴好了手套和帽子，走向门口穿鞋。看见外公有些吃力地弯下腰系鞋带，我有一瞬间担心外公的腰再也直不起来了。但我清楚，外公心中那份对责任的承担，将支撑他昂首走完他该走的路。

"我去给你妈和你外婆送饭。"话音刚落，就听到"砰"的一声，门关上了。

屋外的风似乎刮得更猛烈了。我透过窗户看着在寒风中骑着自行车远去的外公，突然觉得口中的汤格外温暖。我喝下最后一口汤，一下子开朗起来——外公承担着的，不仅是这个家庭，还有对这个家庭中每一个成员的爱啊！

吃晚饭

吴 童

　　每天我都能和爸爸、妈妈在一起吃晚饭，一家人围坐在一起，旁边开着电视机，我觉得那是一种幸福。

　　这不，今天我们一家子又围坐在餐桌前吃晚饭了，爸爸总是坐在正对电视机的位置，我和妈妈则是侧对着。一不留神，妈妈夹了一块胡萝卜就往我碗里放。我一向最讨厌吃胡萝卜，可妈妈偏偏经常炒胡萝卜给我吃。说什么胡萝卜营养丰富，含有许多维生素C啦，对视力有好处啦，可以增强人的抵抗力啦……我都会背了，但对胡萝卜还是一点儿好感都没有。我不夹，她就代劳。没躲开，只能接了，没办法，硬着头皮往下吃吧。

　　又过了一会儿，妈妈趁爸爸不注意，把一筷子青菜放到他碗里。

　　"够了够了！我哪能吃得了那么多啊……够了够

了……"爸爸如梦初醒，几乎要跳起来。

爸爸最讨厌吃青菜，就如同我最讨厌吃胡萝卜一样。我觉得和爸爸同病相怜，于是帮腔抗议："妈，你真是的，人家又不喜欢吃，你干吗逼他吃呀？《论语》上还说己所不欲，勿施于人呢！"

爸爸连连点头称是。

"青菜营养丰富，含有许多维生素……"

"又来了！"我和爸爸异口同声道。

"好吧好吧，就这些吃完，吃完……"见这招不管用，妈妈只得放低架势。

二比一！我和爸爸相视而笑。

爸爸调着电视频道。这时电视机里闪过去《名侦探柯南》的音乐。

"别换！别换！"我大喊。

"别急，先把这块胡萝卜吃了！"

"什么？我碗里什么时候又多了块胡萝卜！"我看了一眼妈妈。

妈妈一边舀汤一边不紧不慢地说："胡萝卜富含……"

"爸——"我向爸爸求援。

没想到爸爸却说："妈妈说得对，胡萝卜对身体有好处，动画片这么幼稚的东西有什么好看的。"

"爸！你……"

"听你妈的话，快吃完，吃完再看！"

二比一。没办法，我只得硬着头皮吃胡萝卜了。一抬头，发现爸妈两个正盯着我开心地笑。这就是我们的一家，平凡而温馨。

过　年　了

张雪宁

　　将近年关，小区里家家户户都腌制了年货，一串一串地挂在阳台上，怪诱人的。看，那雪白的猪头肉，油亮的火腿，青黄的萝卜，新鲜的咸鹅……让人在凛冽的冬天里也能感到回家的温暖。

　　看着那每一个悬挂着年货的阳台，我不禁遐想："那该是怎样的一个幸福的家呀！"爸爸和我心生感慨："吃了太多的商店的年货，那感觉越来越少了，年味也越来越淡了！"于是，我和爸爸做了一项重大的决定：腌制一点儿自家的年货！找回"年味"！

　　说干就干！爸爸赶紧去离家不远的菜市场买来了猪肉、小肠，我在家早已把各种调料、棉线准备就绪。爸爸回来了。我立马把肉放进水中，认真地清洗起来；而爸爸则在一旁欢快地切着肉。

　　一切搞定了！该开始灌肠了。我两只手拨开小肠的一头，而爸爸则使劲儿地把肉往里面塞。可是问题并不那么简单。肠口太细，那肉就是不进去，爸爸就得反复地塞！那可苦了我的胳膊，才灌了两根，我的手臂肿胀酸麻，像有千万只蚂蚁在咬我。

　　休息间隙，我揉着双臂，望着桌上的水瓶发呆！"哎，对了！"我眼珠一转，一拍脑袋："为什么不想个办法，让灌肉如灌水一样简单！用饮料瓶自制一只漏斗！"我立即找来一只饮料瓶子，把它横向切成两半。拿着我的漏斗，我向父亲炫耀我的"发明"。爸爸则连声夸赞。我把"漏斗"口套在小肠上，爸爸把肉放进漏斗里，再用筷子朝里捣一捣！果真，灌香肠如灌水一样简单。就这样，在寒冷的冬天，我们父女俩忙得不亦乐乎，忙得满头大汗。

　　一捆捆香肠终于挂在了我家的阳台上。望着这些香肠，我的心里美滋滋的。除夕之夜，我们一家人也可以围坐在圆桌上，乐呵呵地吃着自己做的香肠了！

　　这么一想，那过年的感觉找回来了。嘿，可不是嘛，正所谓"有家的地方，就有欢笑"。

过一把当大人的瘾

郑 好

　　每次，我被大人们呼来唤去、指指点点时，我都会十分羡慕大人，总想过一过那样的生活，哪怕只有一天，也行。

　　也许是上帝听见了我的"召唤"，我的愿望竟然真的实现了。

　　前年暑假，我度过了一个极为不平凡的一天，且听我慢慢道来——

　　这天早晨，我迷迷糊糊地睁开眼，就看见爸爸笑眯眯的脸，他笑嘻嘻地问我："你想不想当一天'大人'？"我一时没反应过来，眨了眨眼："啊？"爸爸又很有耐心地说："今天，就让我们交换一下，你当大人，我们当小孩儿，怎么样？"我欣喜若狂，点头如捣蒜。我心里美滋滋地计划着：今天不用写作业，我一定要约几个朋友一起去逛街，再去卡拉OK唱歌……

我坐起来，习惯性地大叫："妈妈，帮我拿一下裤子。"可是，喊了半天，却没有人回答。这时，我才想起来，今天，我才是大人。原来当大人也并不是我想象中的那样好呀！

走出房间，我发现爸爸妈妈竟然在看电视！我气势汹汹地嚷道："去写作业！"这时他们才磨磨蹭蹭地走进了书房。

而我的磨难还在后面，快到中午了，坐在电视前的我肚子饿得呱呱叫。"妈妈……"我刚想嚷嚷，却突然醒悟：今天应该是我来烧饭！打开冰箱，我却发现，那里什么也没有，没办法，只有出去吃了。

叫上爸爸妈妈，我们一起去门口的小饭店吃饭。吃完后，爸爸妈妈竟然头也不回地走了，服务员向我走来："小姐，请付账。"我这才反应过来，我被坑了！

摸着瘪瘪的钱包，我哭丧着脸回到家。再次把爸爸妈妈赶到书房写作业，我精疲力竭地坐在电脑前，打开游戏玩了起来。咦，怎么不对，书房里传出了QQ的声音和游戏的音乐声？我赶紧打开房门，无奈发现他们两人正人手一部手机，一个上QQ，一个玩游戏，我生气地"没收"了他们的手机。

清闲了没多久，麻烦又来了。爸爸妈妈从房间里走出来，说是作业写完了。我狂喜地走进房间，看见了我那可怜的作业，那上面字迹潦草得我都看不懂，好不容易发现几个正常点儿的字，结果是错的。我只好哭丧着脸，擦掉字，想着明天重新写一遍。

这么一折腾，也到了黄昏时分。白天计划做的事，竟一件也没有完成。

妈妈凑上来，说："今天还没有玩够呢，要不然明天，我们再换一换？"我赶紧摇头，一脸的后怕："不干不干，你就是给我一百万，我再也不要当'大人'了！"说到这里，我才终于明白了爸爸妈妈的辛苦。

年 的 味 道

汪天宇

冬日里的寒风在屋门口呼呼地吹着，光秃秃的树木都随着摇摆了起来。

过年了，爸爸妈妈带我来到了外婆家。外婆家远离城市的繁华热闹，别有一番风味。黄昏时分，农民们都从田里骑着三轮车回家了，车上满载着新鲜的蔬菜。一路上，他们经过一户户人家门口，人家厨房的烟囱悠悠地飘出一缕缕白色炊烟，有时他们会大声地打着招呼，询问着各自年货采办的情况。

外婆家也正在忙着晚饭。做晚饭可不是一两个人的专职。妈妈的兄弟姐妹真不少，偌大的厨房有点人头攒动了。可你仔细看，他们却分工明确，毫不慌乱，配合默契。看！大舅从包里拿出了自己从上海带来的火腿肠，粉嫩粉嫩的，看得人直流口水。他熟练地抓起了刀，把火腿肠一片一片地削了下来，好薄呀！二舅则从外面扛进了一大捆柴火来，往厨房里走去，我还没反应过来的时候，几个哥哥就赶紧上前帮忙，等我缓过神来，他们早就到厨房里了！忙忙碌碌，这不也是年的味道吗？

妈妈的工作是烧火，见我闲着没事，就拉我一起去了。烧火的地方可真偏僻，竟在整栋房子的角落里。这里由于长期烧火，墙壁都已经被熏黑了。地上也有些脏，一个个小树枝散落在地上。不过这都不重要，我也想好好学习一下烧火这门技术。妈妈先是教我点火。她用火柴轻轻地一擦，火星就冒了起来。可她并没有直接点在柴火上，而是找了一张撕下的日历。往锅底下一个黑色的洞里捅了一捅，然后又娴熟地把柴火掰成两半往里一塞，叶子燃起来了！一阵阵暖气从洞里往外直冒，我冻红的双手终于舒服一点儿了。这时，妈妈又赶紧拿起了一旁的扇子往里轻轻地扇风，火顿时旺了起来，柴火在里面发出了噼里啪啦的声音。姨妈早已在锅里装好了油，紧接着她把从田里摘来的洗干净的菜往里一倒，哇！香气扑鼻，整个屋子里都能闻到菜的香气。我按捺不住，觉得热了，就先去一旁玩耍去了，妈妈则继续坚守在自己的岗位上。暖暖和和，这不也是年的味道吗？

寒风劲吹，却冷却不了家人团聚在一起的温暖。

年 夜 饭

杨欣怡

"新年好！"一进门，我便冲屋子里的外婆外公问候。外婆从厨房走出来笑呵呵地拉着我的手，外公一边嘱咐我们先坐，一边找电话说要问问舅舅他们到哪了。

"快了，快了！你们先吃！"电话那头传来舅舅的声音。

外公有些不高兴，冲着电话说："一家人的年夜饭还分几批吃啊？等你们！——慢点开！"

过了许久，舅舅一家才姗姗来迟。只见舅舅和舅妈手上都提着大包小包的礼品盒。外公一看："哎呀，又瞎花钱了，买这么多，我们不缺，人来了就行。"舅妈赶紧说道："不多不多，没几个钱的，爸，您开心就好。"

我们刚坐下，舅舅的电话就响了，他走出去接电话。我凑到表哥身边问："老哥，大学好不好玩？"

"不好玩。"表哥一边掏手机，一边回答。

"深圳离香港近，你去过香港吗？"

"没去过。"他回答得依然很干脆。

见他对我爱理不理，我只好识趣地看起了电视。

"爷爷，你们家无线密码是多少啊？"表哥冲厨房里的爷爷大声询问。

爷爷探出半个身子，笑呵呵地说："是有线电视，不用密码！"我们都被爷爷的话逗乐了。

表哥说了句"不会吧"，做瘫倒状。不过很快，他决定用流量继续上QQ。不一会儿舅妈也专注地玩起了微信，很快，她成功抢了个微信红包，开心地向妈妈炫耀。厨房里锅碗瓢盆碰撞的声音响个不停。"妈，我来帮帮你们吧！"妈妈拉起爸爸进了厨房。

最后外公端上了他的拿手菜——剁椒大鱼头，笑着说"齐了"！我一看，有荤有素，有鱼有肉，满满一大桌。我知道，每年为这一顿年夜饭，外公和外婆都准备很长时间。全家围坐在一起，开始敬酒，互道祝福。可是没过多长时间，舅舅又出去打电话了。舅妈把桌上的每一个菜都拍了一遍，又拣几样象征性地吃了几筷子，然后表示吃饱了。不一会儿，表哥也说吃饱了，想回家。舅妈也玩笑似的附和："爸，你家要是装上无线网络就好了，没网络，红包也抢不了啊！"舅舅有些难以抉择。"哦，你们要是忙就先回去吧，明天再来。"外婆仍然笑着说。不过我能从她的话语里听出一丝失望。外公则一言不发，闷头吃菜。

送走了舅舅一家，原本拥挤的饭厅显得空荡荡的。倒是外公和爸爸似乎从来没有这么投缘，干了好几杯。吃完饭，妈妈和外婆去厨房洗碗，我和爸爸陪外公看起了春晚。小品很幽默，但外公却没怎么笑。

悠悠祖孙情

申思懿

那张略微泛黄的照片上，我们一起在开心地笑，那是我最美好的记忆。

那年，我刚上二年级，回家时看到门口站着一个人，是你吗？嗯，果然是你，我高兴地张开双手向你跑去，你也蹲下，张开双手来迎接我的拥抱。可你没有想到，我突然加快了速度，向你撞去。只听"砰"的一声，我们双双倒地。虽然很疼，但我们却忍不住哈哈大笑了起来。

你告诉我，给我买了我最爱吃的桂圆，可你却调皮地让我自己去找。家这么大，我上哪儿找去呀！看着我急得团团转的样子，你还是忍不住告诉了我。我拿到了桂圆，开心地坐到了你的身边。你只是看着我吃，我让你也吃，你答应着，可你每次还是把剥的桂圆一个不落地放到了我的嘴里。被我逼急了，你才会吃上一个。你总是说，你看我吃，比自己吃还高兴。

哦，这就是你——我的"傻"奶奶，不只奶奶爱我，爷爷也同样爱我。

那年是羊年，爷爷买了三只小羊羔，寓意着"三羊开泰"，讨个吉利。我总喜欢跟着爷爷一起去放羊，却从来没亲自放过。不知是实在受不了我的纠缠，还是我眼中的渴望打动了爷爷吧！在我哀求了无数次之后，那一天爷爷终于把那个拴着小羊的绳子递给了我，我小心地接了过来，打算牵着小羊往前走，可是那只小羊却一动不动。我着急地使劲儿向前拉绳子，可是越拉，它越是不动，像是被定住了似的。我一生气就踢了小羊一脚，这一脚可不得了了，只见小羊飞快地向前冲去，我被拽着跟跟跄跄地跟着跑，眼看就要摔倒了。爷爷忙拿起一把草向我示意，我随即拔下了路边的一些草，向着羊嘴边伸去，它立马停了下来，哎！真是个"贪吃羊"。我拿着草，将羊牵了回去，骄傲地看着爷爷，爷爷却在一旁笑弯了腰，我恼羞成怒地说："都怪你，爷爷。"爷爷也只是笑着，拍拍我身上的土，任由我责备。

爷爷奶奶，我也爱你们。谢谢你们给予我的美好时光。